KB118743

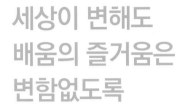

세상이 변해도
배움의 즐거움은
변함없도록

시대는 빠르게 변해도
배움의 즐거움은
변함없어야 하기에

어제의 비상은
남다른 교재부터
결이 다른 콘텐츠
전에 없던 교육 플랫폼까지

변함없는 혁신으로
교육 문화 환경의 새로운 전형을
실현해왔습니다.

비상은 오늘, 다시 한번
새로운 교육 문화 환경을 실현하기 위한
또 하나의 혁신을 시작합니다.

오늘의 내가 어제의 나를 초월하고
오늘의 교육이 어제의 교육을 초월하여
배움의 즐거움을 지속하는 혁신,

바로, 메타인지 기반 완전 학습을.

상상을 실현하는 교육 문화 기업 비상

메타인지 기반 완전 학습

초월을 뜻하는 meta와 생각을 뜻하는 인지가 결합한 메타인지는
자신이 알고 모르는 것을 스스로 구분하고 학습계획을 세우도록 하는
궁극의 학습 능력입니다. 비상의 메타인지 기반 완전 학습 시스템은
잠들어 있는 메타인지를 깨워 공부를 100% 내 것으로 만들도록 합니다.

한끝

1·1

초등 국어

구성과 특징

단원 들어가기 >>>>

○ **단원 도입**
국어과 교과 역량, 단원명, 단원에서 배울 내용을 알아봅니다.

○ **교과서 핵심**
단원에서 배울 학습 내용을 미리 핵심 정리와 확인 문제로 알아봅니다.

『국어』 학습 준비 » 소단원 1 » 소단원 2 » 실천

준비

소단원 1

- **준비**에서는 앞으로 학습할 단원 목표와 내용을 쉽게 이해할 수 있으며, 학습 내용과 관련한 배경지식을 활성화할 수 있습니다.

- **소단원 1과 소단원 2**는 기본 학습과 통합 학습으로 이루어지며, 핵심 개념과 관련된 다양한 형태의 문제를 통해 기본적인 학습 내용을 충분히 익힐 수 있습니다.

- **실천**에서는 소단원에서 학습한 내용을 정리하고, 국어 지식을 알아보는 활동 문제를 구성하였습니다.

단원 마무리

○ 단원 평가

핵심 문제와 실력 UP 문제를 통해 단원에서 배운 내용을 확인하고 실력을 점검해 봅니다.

○ 따라 쓰기

단원에서 배운 낱말을 따라 써 보는 활동을 통해 바르게 글자 쓰는 연습을 해 봅니다.

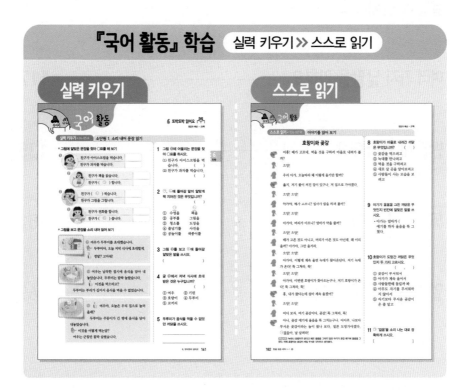

『국어 활동』 학습 · 실력 키우기 ≫ 스스로 읽기

● 국어 활동은 각 소단원에서 학습한 내용을 주도적으로 연습하고 평가해 볼 수 있도록 하였으며, '스스로 읽기'를 문제로 구성하여 주도적 읽기와 읽기 유창성 증진에 도움이 되도록 하였습니다.

차례

한글 놀이를 하며 글자 익히기

글자 놀이

모음자 놀이

자음자 놀이

따라 쓰기

글자 놀이

이렇게 해 봐요!

》 • 왼쪽에서 오른쪽으로, 위에서 아래로 선을 그 어 보아요.
  • 올바른 연필 잡기 자세 로 선을 긋는 연습을 해 요.

》 • 직선 긋기를 연습한 후 에는 곡선 긋기를 연습 해 보아요.
  • 선 그리기 활동을 할 때 에는 심이 부드럽고 짙 은 연필이나 색연필을 사용해요.

● 과자 모양을 따라서 선 긋기

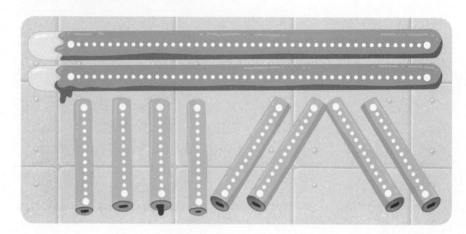

● 여러 가지 모양을 따라서 선 긋기

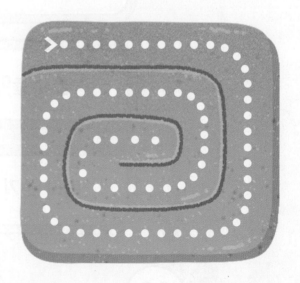

이렇게 해 봐요!

> ・선 긋기는 단순한 형태에서 복잡한 형태순으로 연습해요.
> ・친구와 내가 그은 선을 보고, 서로 칭찬해 보세요.

> ・연필로 그림 속 선을 따라 그어 보아요.
> ・색칠할 때에는 좋아하는 색을 선택해 알록달록 자유롭게 색칠해요.

● 같은 사탕끼리 잇기

● 점선을 따라서 그리고 색칠하기

같은 사탕끼리 잇기

글자 놀이

모양이 같은 그림 찾기

• 8~15쪽 글자 놀이 예시 답안은 정답과 해설 30~32쪽에서 확인할 수 있습니다.

이렇게 해 봐요!

》 • 지도에 있는 그림을 보며 그곳이 어디인지, 무엇을 하는 곳인지 짐작해 보세요.
   • 토토가 들고 있는 표지판 그림과 똑같은 표지판 그림을 따라가 보아요.

》 • 왼쪽에 제시된 꽃과 오른쪽 세 가지 꽃의 모양을 비교하고 같은 것을 찾아 ○표를 해 보아요.
   • 모양이나 색깔이 비슷한 꽃 가운데 같은 꽃을 찾아야 하므로 집중하여 관찰해야 해요.
   • 꽃잎의 개수 등을 자세히 관찰해 보세요.

● 같은 모양이 있는 쪽으로 걷기

● 모양이 같은 꽃 찾기

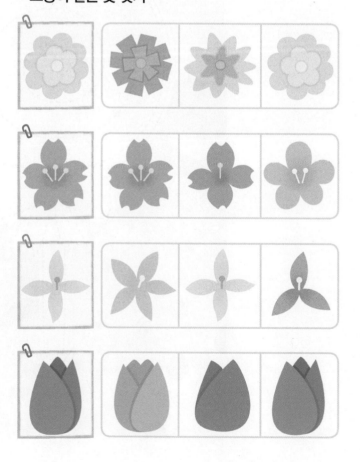

● 토토가 생각한 모양 찾기

≫ • 놀이공원에서 볼 수 있
는 장소를 나타내는 기
호를 살펴보고, 각각의
기호들이 나타내는 뜻
이 무엇인지 이야기를
나누어 보아요.
• 모양이 비슷한 기호 가
운데 토토가 생각하고
있는 것과 같은 기호를
찾아 ○표를 해 보아요.

≫ • 조금 더 복잡한 모양의
기호들 가운데 토토가
생각하고 있는 것과 같
은 기호를 찾아 ○표를
해 보아요.
• 선의 방향, 길이 등을
꼼꼼히 비교하며 세심
하게 관찰해 보세요.

이렇게 해 봐요!

≫ 통나무집의 전체 형태, 세 부적인 특징, 색깔 등을 꼼 꼼히 살펴보고 나머지 부 분을 그려 보아요.

● 과자 집을 완성하고 색칠하기

이렇게 해 봐요!

》 • 그림 속의 연잎에서 글
    자인 것을 찾아보아요.
  • 글자가 들어 있는 연잎
    의 빈 부분을 예쁘게 색
    칠해 보세요.

● 글자라고 생각하는 모양 찾기

》 • 위와 아래에 있는 글자
    를 하나씩 비교해 보고,
    모양이 같은 글자를 찾
    아 선으로 이어 보세요.
  • 글자가 같은 낱말을 찾
    아 선으로 이은 다음, 붙
    임 딱지를 활용해 글자
    에 알맞은 그림을 붙여
    요.

● 모양이 같은 글자 찾기

오리	잠자리	개구리	잉어

개구리	오리	잉어	잠자리

붙임 딱지

글자 놀이

이렇게 해 봐요!

〉아래의 놀이 방법을 참고 하여 모양이 같은 글자 찾 기 놀이 활동을 해 보세요.

|놀이 방법|
① 붙임 딱지의 카드를 뜯 어서 준비한다.
② 2~4명이 함께 마주 앉 아 가운데에 카드 뭉치 를 내려놓는다. 이때, 카드가 안 보이게 모아 서 뒤집어 놓는다.
③ 차례를 정해 맨 먼저 한 학생이 카드를 한 장 뒤 집어 그 자리에 내려놓 는다. 다른 학생도 뒤집 힌 카드 글자를 볼 수 있게 한다.
④ 한 명씩 차례대로 카드 를 한 장씩 뒤집어 내려 놓는다.
⑤ 계속해서 카드를 한 장 씩 뒤집다가 같은 모양 글자가 적힌 카드가 보 이면 가장 먼저 찾은 학 생이 카드 한 쌍을 가져 간다.
⑥ 차례가 다 돌아간 뒤에 카드를 가장 많이 가진 학생이 이긴다.

● 모양이 같은 글자 찾기 놀이 하기

붙임 딱지

비	비	구	구
초	초	므	므
하	하	더	더

이렇게 해 봐요!

》 • 동물 모양 놀이 기구의 동물 이름을 말해 보아요.
• 여러 번 반복해 말해 보고 각 동물의 이름이 몇 개의 소리마디인지 생각해 보아요.
• 소리마디 수를 구별할 때에는 한 글자 낱말부터 두세 글자 낱말 순으로 말해 보아요.
• 소리마디 수가 다른 낱말끼리 서로 비교하며 손뼉 수가 표시된 칸에 알맞게 동물 붙임딱지를 붙여 보아요.

● 이름의 소리마디 수가 같은 동물 찾기

붙임 딱지

이렇게 해 봐요!

≫ ・그림을 보고 동물의 이름을 하나씩 말해 보며 소리마디 수를 생각해 보아요.
・한 글자씩 천천히 띄어 읽으며 손뼉 치기, 고개 끄덕이기 등을 해 보면 소리마디 수를 세는 데 도움이 될 수 있어요.
・차례대로 한 글자, 두 글자, 세 글자, 네 글자로 된 동물의 이름을 찾아 해당 동물 그림에 연필이나 색연필로 ○표를 해 보세요.

≫ ・주어진 소리마디 수에 알맞은 낱말을 차례대로 이어서 말하는 놀이예요.
・짝이나 모둠 친구끼리 소리마디 수를 정해 낱말 이어 말하기 놀이를 해 보아요.

● 손뼉 수와 이름의 소리마디 수가 같은 동물 찾기

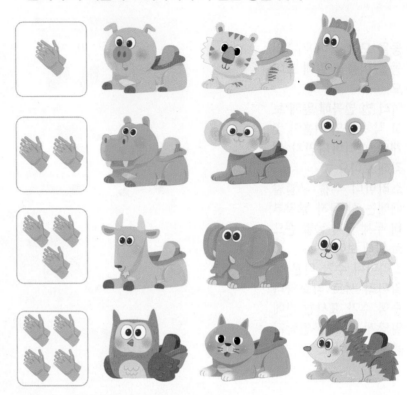

● 소리마디 수가 같은 낱말 말하기

〉 • 대관람차 중심에 있는 그림의 낱말과 바깥 부분에 있는 그림의 낱말을 하나하나 말해 보세요.
• 대관람차 중심에 있는 그림의 낱말과 같은 소리로 시작하는 낱말을 바깥 부분에서 찾아 색연필이나 연필로 선을 이어 보아요.

● 같은 소리로 시작하는 낱말 찾기

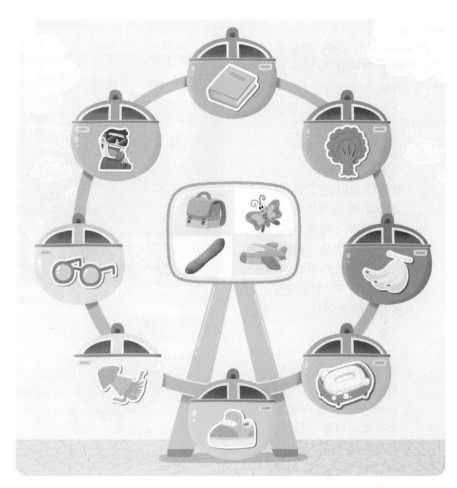

〉 • 가위의 '가', 사과의 '사'로 시작하는 낱말에 무엇이 있을지 생각해 빈칸에 그려 보세요.
• 그림 카드로 그릴 낱말이 나타내는 행동이나 느낌을 그림으로 표현할 수도 있어요.

● 같은 소리로 시작하는 낱말의 그림 카드 만들기

글자 놀이

이렇게 해 봐요!

》 • 마술사가 하는 마술이 어떤 것인지 짐작해 보아요.
• 그림에서 제시한 사물을 소리 내어 말하며 그것들의 공통점이 무엇인지 생각해 보아요.
• 아래의 놀이 방법을 참고하여 하나에서 셋까지 소리마디 수를 나타내는 주사위를 이용해 해당하는 소리마디 수의 낱말을 이어 말하는 놀이를 해 보아요.

|놀이 방법|
① 붙임 딱지의 주사위 자료를 준비한다.
② 2~4명이 함께 차례를 정해 주사위를 던진다.
③ 주사위에 나온 소리마디 수에 맞는 말을 떠올려 돌아가며 하나씩 말한다.
　📌 주사위 숫자가 1일 때: 목 → 공 → 해 → 달 ……
④ 앞에서 나온 말을 다시 말하거나 셋을 셀 동안 말하지 못하면 탈락한다.
⑤ 같은 방법으로 마지막 한 사람이 남을 때까지 놀이를 한다.

》 • 마술사의 마술 상자에서 나온 깃발에 그려진 대상을 차례대로 말해 보세요.
• 앞 낱말의 끝 소리와 뒷 낱말의 첫소리를 비교해 보세요.

● 소리마디 수가 같은 낱말 이어 말하기

붙임 딱지

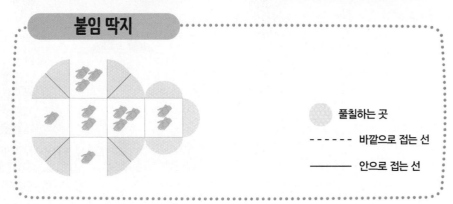

🔵 풀칠하는 곳
------ 바깥으로 접는 선
─── 안으로 접는 선

● 앞 낱말의 끝 소리로 시작하는 낱말 이어 말하기

1 📖 교과서 문제

다음 중 토토가 생각한 모양과 같은 것은 무엇입니까? ( )

① ② ③

④  ⑤

2 📖 교과서 문제

같은 모양의 기호끼리 짝 지어진 것에 ○표를 하시오.

(1)   (2)   (3)

( )   ( )   ( )

3 다음 중 글자인 것을 두 가지 고르시오.

(,)

①  ② ③

④ ⑤

4 핵심

'오리'와 모양이 같은 글자는 무엇입니까?

( )

① 잉어   ② 오리   ③ 우유
④ 잠자리   ⑤ 개구리

5~6

📖 교과서 문제

5 다음 중 ㉠과 이름의 소리마디 수가 같은 동물은 무엇입니까? ( )

① ② ③

④ ⑤

6 핵심

그림에서 이름의 소리마디 수가 세 개인 동물은 모두 몇 마리입니까? ( )

① 한 마리   ② 두 마리   ③ 세 마리
④ 네 마리   ⑤ 다섯 마리

7 📖 교과서 문제

와 같은 소리로 시작하는 낱말은 무엇입니까? ( )

① ② ③

④ ⑤

8 역량

앞 낱말의 끝 소리로 시작하는 낱말을 이어 말할 때, 잘못 말한 낱말은 무엇입니까? ( )

사자-① 자전거-② 거미-③ 미끄럼틀-④ 지우개-⑤ 개미

● 모음자 ㅏ, ㅑ 알기

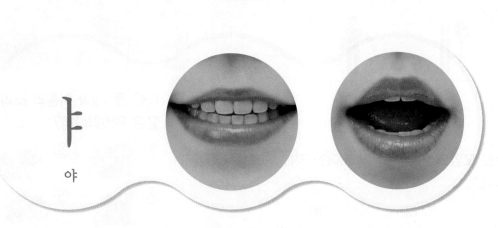

➡ ㅏ, ㅑ의 차이를 살펴보고 바르게 읽어 보아요.

ㅏ
아 　　　 사자 　　　 아기 　　　 바지

ㅑ
야 　　　 야구 　　　 이야기 　　　 고양이

● **모음자 ㅓ, ㅕ 알기**

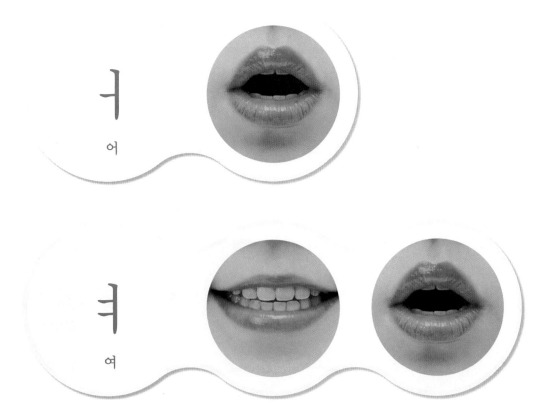

➡ ㅓ, ㅕ의 차이를 살펴보고 바르게 읽어 보아요.

ㅓ
어   어머니   머리   거미

ㅕ
여   여우   벼   여름

● 모음자 ㅗ, ㅛ 알기

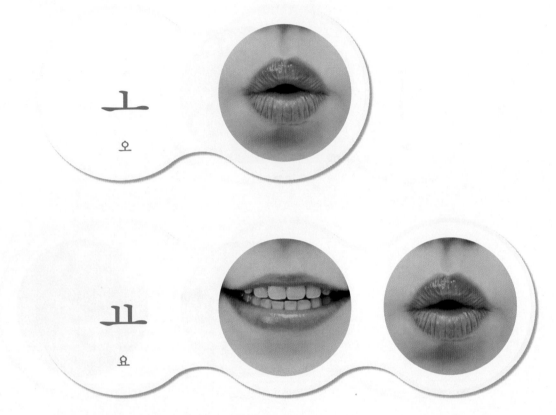

ㅗ
오

ㅛ
요

➡ ㅗ, ㅛ의 차이를 살펴보고 바르게 읽어 보아요.

ㅗ
오   오리   모자   포도

ㅛ
요   요리   교실   학교

● 모음자 ㅜ, ㅠ 알기

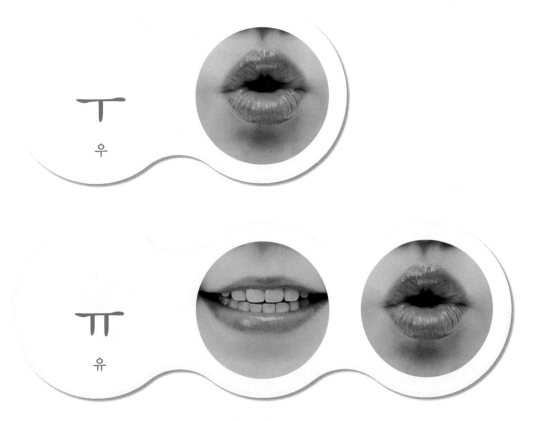

➡ ㅜ, ㅠ의 차이를 살펴보고 바르게 읽어 보아요.

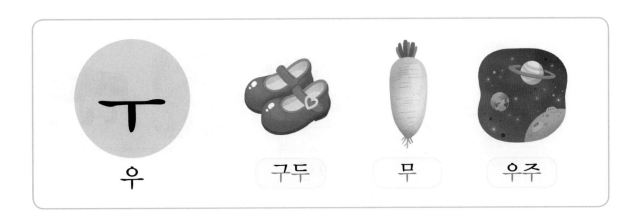

우　　구두　　무　　우주

유　　유리　　우유　　휴지

● 모음자 ㅡ, ㅣ 알기

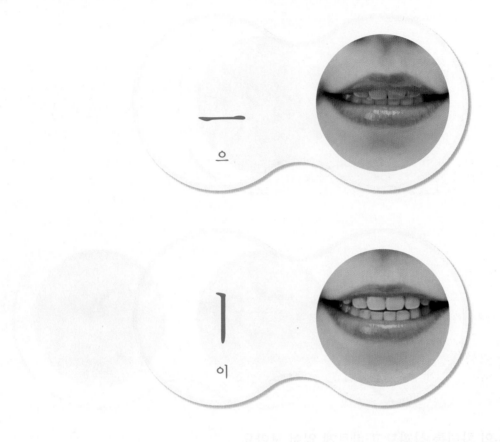

ㅡ
으

으   그림   흐림   버스

ㅣ
이   이   비누   나비

● 모음자 ㅡ, ㅣ 알기

📖 교과서 문제

1 다음 그림에서 찾을 수 있는 모음자는 무엇입니까? ( )

① ㅏ ② ㅓ ③ ㅜ
④ ㅡ ⑤ ㅣ

📖 교과서 문제

2 다음 두 낱말에서 공통적으로 찾을 수 있는 모음자를 쓰시오.

야구 이야기

( )

핵심

3 다음은 모음자 'ㅕ'를 쓰는 순서를 나타낸 것입니다. 맞으면 ○표를, 틀리면 ×표를 하시오.

( )

4 다음 낱말에 공통적으로 들어간 모음자와 그 모음자의 총 개수가 바르게 연결된 것은 무엇입니까? ( )

모기 포도

	모음자	개수
①	ㅗ	2
②	ㅗ	3
③	ㅗ	4
④	ㅣ	2
⑤	ㅣ	3

5 다음 그림의 이름에서 찾을 수 있는 모음자끼리 묶인 것은 무엇입니까? ( )

① ㅏ, ㅡ ② ㅓ, ㅣ ③ ㅠ, ㅡ
④ ㅠ, ㅣ ⑤ ㅡ, ㅣ

역량 📖 교과서 문제

6 그림 속 친구가 몸으로 표현하는 모음자를 쓰시오.

( )

모음자 놀이

7~8

7 다음 그림에 나타난 모음자 10가지를 쓰시오.

_____

_____

핵심

8 그림 속 동물의 이름과 동물들이 가진 모음자가 바르게 연결되지 않은 것은 무엇입니까?

( )

	동물의 이름	모음자
①	㉠ – 양	ㅑ
②	㉡ – 오리	ㅗ
③	㉢ – 거북이	ㅓ
④	㉣ – 스컹크	ㅜ
⑤	㉤ – 여우	ㅕ

교과서 문제

9 친구가 떠올리고 있는 모음자의 이름으로 알맞은 것은 무엇입니까? ( )

① 아
② 어
③ 오
④ 으
⑤ 이

교과서 문제

10 같은 모음자 모양끼리 선으로 이으시오.

(1) ㅕ •

(2) ㅛ •

(3) ㅡ •

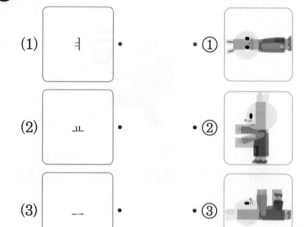

• ①

• ②

• ③

교과서 문제

11 그림을 보고 알맞은 모음자를 보기에서 찾아 낱말을 완성하시오.

보기

ㅏ ㅑ ㅛ ㅠ

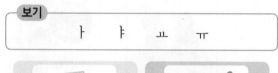

우 ㅇ   ㅇ 구

교과서 핵심

● 모음자를 쓰는 순서

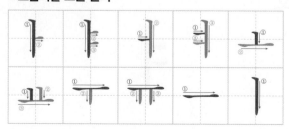

자음자 놀이

● 자음자 ㄱ, ㅋ, ㄲ 알기

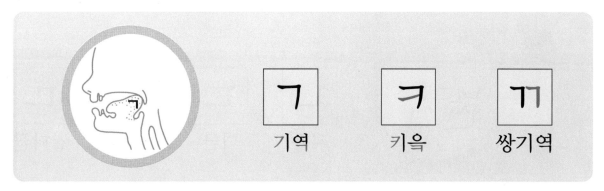

ㄱ 기역   ㅋ 키읔   ㄲ 쌍기역

➡ ㄱ, ㅋ, ㄲ의 차이를 살펴보고 ㄱ, ㅋ, ㄲ이 들어 있는 낱말을 바르게 읽어 보아요.

ㄱ 기역   가지   고추   고기

ㅋ 키읔   카레   코   코끼리

ㄲ 쌍기역   까치   꽃   꿈

● 자음자 ㄴ, ㄷ, ㅌ, ㄸ 알기

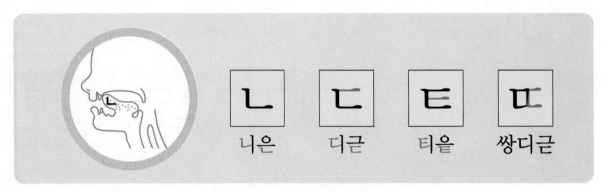

ㄴ	ㄷ	ㅌ	ㄸ
니은	디귿	티읕	쌍디귿

➡ ㄴ, ㄷ, ㅌ, ㄸ의 차이를 살펴보고 ㄴ, ㄷ, ㅌ, ㄸ이 들어 있는 낱말을 바르게 읽어 보아요.

ㄴ
니은   나무   노루   비누

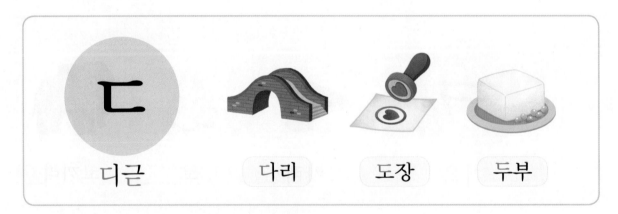

ㄷ
디귿   다리   도장   두부

ㅌ
티읕   타조   토끼   투호

| ㄸ 쌍디귿 | 딱지 | 딸기 | 떡 |

● 자음자 ㄹ 알기

| ㄹ 리을 | 라면 | 리본 | 소라 |

● 자음자 ㅁ, ㅂ, ㅍ, ㅃ 알기

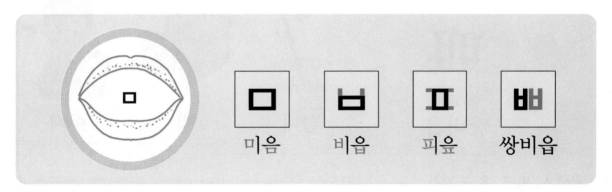

| ㅁ 미음 | ㅂ 비읍 | ㅍ 피읖 | ㅃ 쌍비읍 |

➡ ㅁ, ㅂ, ㅍ, ㅃ의 차이를 살펴보고 ㅁ, ㅂ, ㅍ, ㅃ이 들어 있는 낱말을 바르게 읽어 보아요.

| ㅁ 미음 | 마늘 | 머리 | 무 |

ㅂ
비읍 | 바다 | 부채 | 보물

ㅍ
피읖 | 파도 | 포도 | 피아노

ㅃ
쌍비읍 | 빨대 | 빵 | 아빠

● **자음자 ㅅ, ㅆ, ㅈ, ㅊ, ㅉ 알기**

ㅅ | ㅆ | ㅈ | ㅊ | ㅉ
시옷 | 쌍시옷 | 지읒 | 치읓 | 쌍지읒

➡ ㅅ, ㅆ, ㅈ, ㅊ, ㅉ의 차이를 살펴보고 ㅅ, ㅆ, ㅈ, ㅊ, ㅉ이 들어 있는 낱말을 바르게 읽어 보아요.

ㅅ 시옷   사자   소리   시소

ㅆ 쌍시옷   새싹   썰매   씨름

ㅈ 지읒   자두   자라   수저

ㅊ 치읓   차   초   초록

| 쌍지읒 | 짜장면 | 쪽지 | 찌개 |

● **자음자 ㅇ, ㅎ 알기**

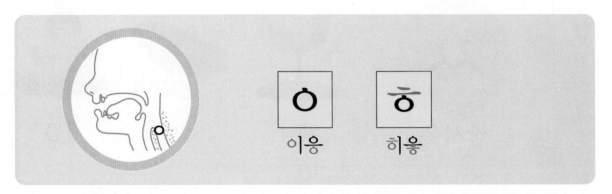

ㅇ 이응   ㅎ 히읗

➡ ㅇ, ㅎ의 차이를 살펴보고 ㅇ, ㅎ이 들어 있는 낱말을 바르게 읽어 보아요.

| ㅇ 이응 | 아기 | 아이 | 우유 |

| ㅎ 히읗 | 호두 | 허리 | 호랑이 |

1~2

📖 교과서 문제

1 그림에서 빨간색으로 표시된 모양을 <u>모두</u> 찾아 쓰시오.

( )

2 그림 속 캠핑장에서 볼 수 있는 것과 그 이름을 바르게 선으로 이으시오.

(1) · · ① 파

(2) · · ② 기타

(3) · · ③ 자동차

핵심

3 다음 자음자의 이름을 [보기]에서 찾아 쓰시오.

[보기]
기역   키읔   쌍기역

ㄱ

( )

4~5

기역	니은	디귿	리을	미음
ㄱ	ㄴ	ㄷ	ㄹ	ㅁ
비읍	시옷	이응	지읒	치읓
ㅂ	ㅅ	ㅇ	ㅈ	ㅊ
키읔	티읕	피읖	히읗	
ㅋ	ㅌ	ㅍ	ㅎ	

4 자음자를 쓰는 순서에 대한 설명으로 맞는 것은 ○표를, 틀린 것은 ×표를 하시오.

(1) 아래에서 위로 씁니다. ( )

(2) 왼쪽에서 오른쪽으로 씁니다. ( )

(3) 'ㄱ, ㄴ, ㅇ'은 한 번에 씁니다. ( )

5 자음자 'ㄹ'를 쓰는 순서에 맞게 기호를 차례대로 쓰시오.

( )

6 자음자 'ㅈ'이 들어가지 <u>않는</u> 낱말에 ○표를 하시오.

자두	수저	자라	시소

📖 교과서 문제

7 자음자를 바르게 쓴 것에 ○표를 하시오.

(1)

소다 소라

(2)

빠도 파도

(3)

타조 카조

📖 교과서 문제

8 자음자 'ㅂ'이 들어간 낱말이 쓰인 칸을 <u>모두</u> 색칠하시오.

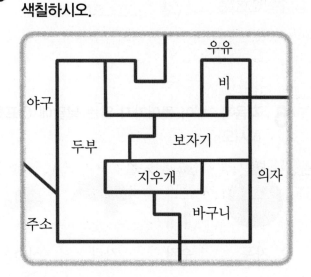

9 보기 에서 알맞은 자음자를 찾아 빈칸에 쓰시오.

보기

ㄱ ㄴ ㅁ ㅅ ㅇ ㅊ

역량

📖 교과서 문제

10 친구들이 자음자 'ㄱ'으로 시작하는 낱말을 말하고 있습니다. ㉠에 들어갈 낱말로 알맞지 <u>않은</u> 것은 무엇입니까? ( )

① 국수 ② 기린 ③ 고추
④ 지게 ⑤ 개나리

● 연필 바르게 잡는 모습 살펴보기

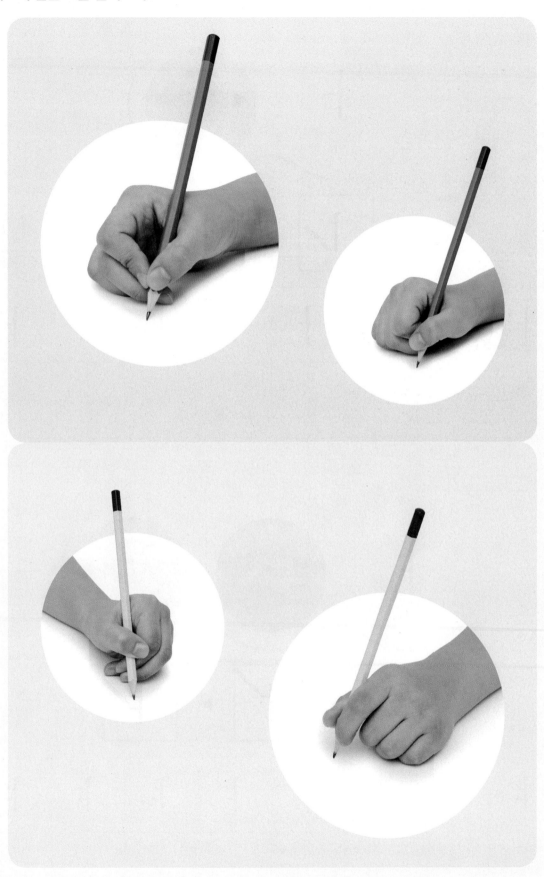

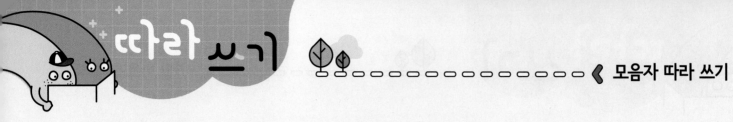

● 모음자 따라 쓰기

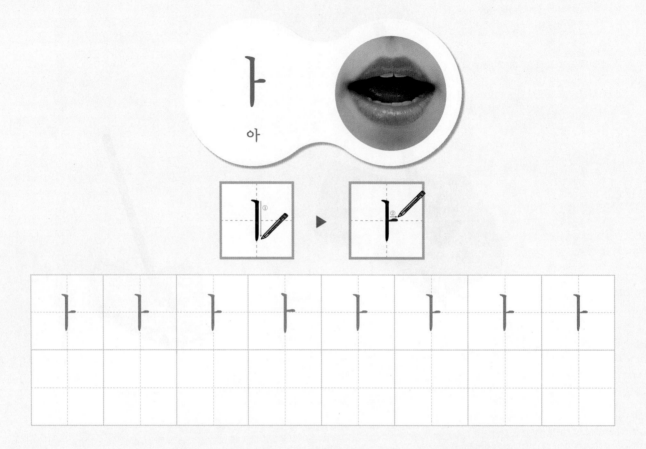

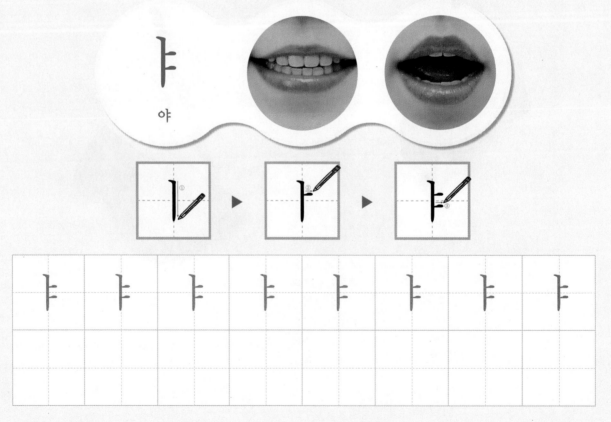

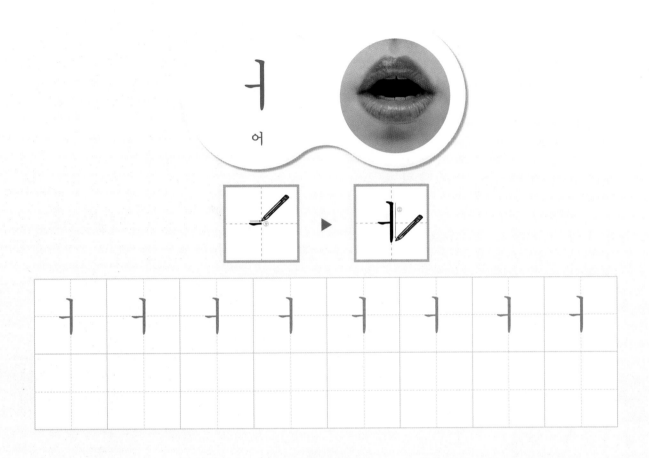

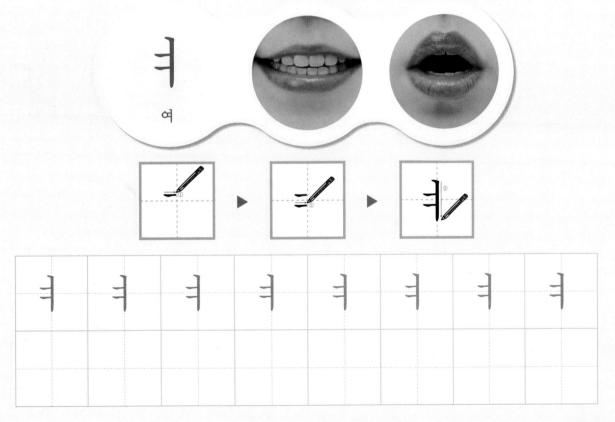

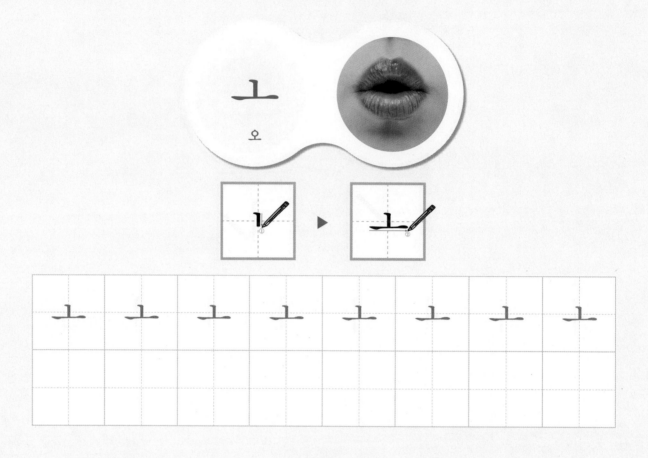

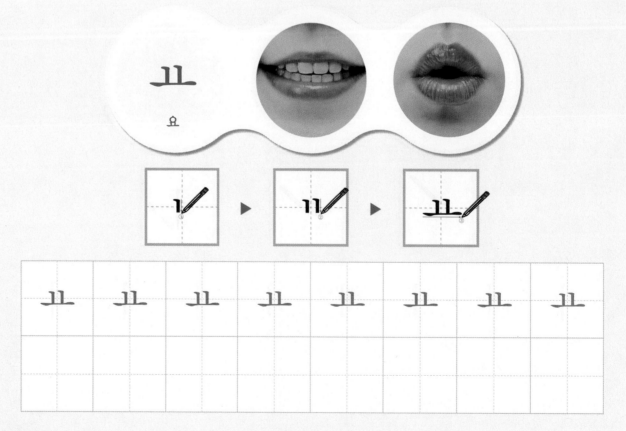

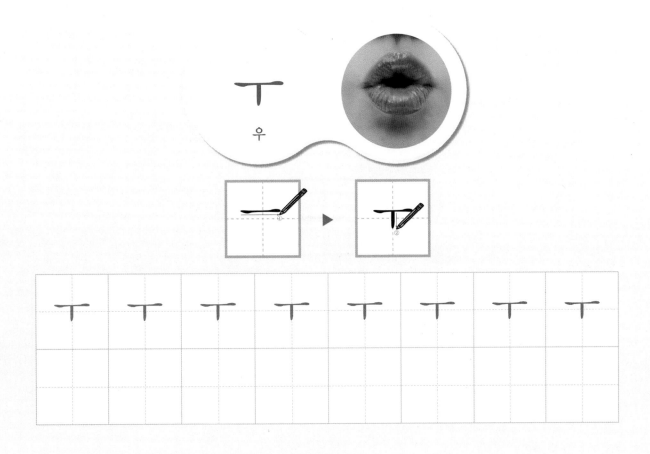

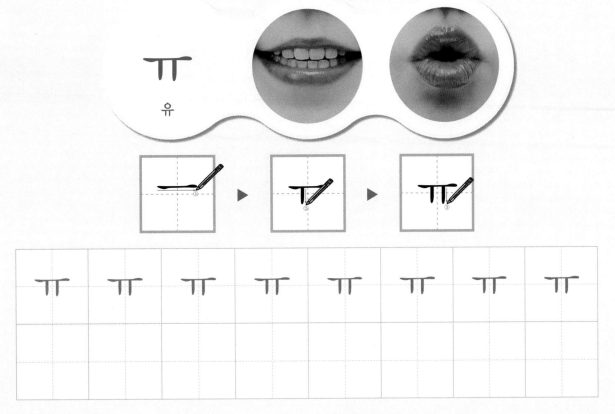

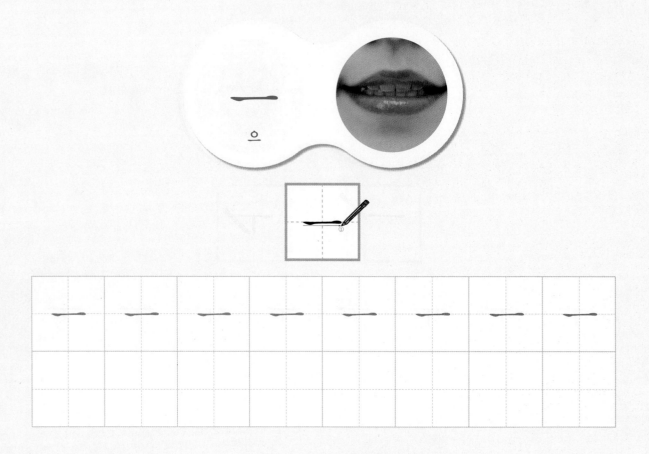

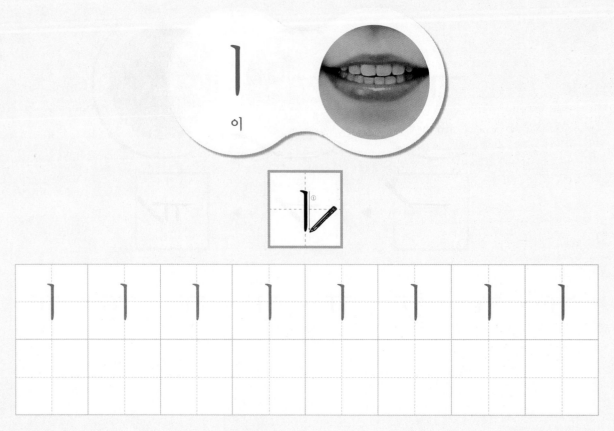

● 자음자 따라 쓰기

기역

ㄱ ㄱ ㄱ ㄱ ㄱ ㄱ ㄱ ㄱ ㄱ

ㄱ

가 갸 거 겨 고
교 구 규 그 기

키읔

ㅋ ㅋ ㅋ ㅋ ㅋ ㅋ ㅋ ㅋ ㅋ

ㅋ

카 캬 커 켜 코
쿄 쿠 큐 크 키

ㄲ

쌍기역

ㄲ ㄲ	ㄲ	ㄲ ㄲ	ㄲ ㄲ	ㄲ ㄲ	ㄲ ㄲ	ㄲ ㄲ	ㄲ
ㄲ							

까	꺄	꺼	껴	꼬
꾜	꾸	뀨	끄	끼

ㄴ

니은

ㄴ	ㄴ	ㄴ	ㄴ	ㄴ	ㄴ	ㄴ	ㄴ
ㄴ							

나	냐	너	녀	노
뇨	누	뉴	느	니

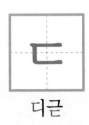

디귿

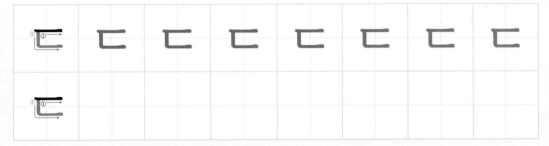

다 댜 더 뎌 도
됴 두 듀 드 디

티읕

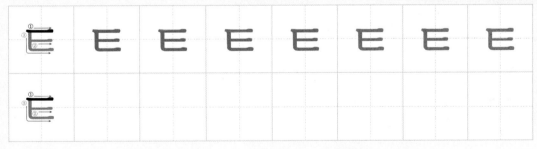

타 탸 터 텨 토
툐 투 튜 트 티

따라 쓰기

쌍디귿

ㄸ	ㄸ	ㄸ	ㄸ	ㄸ	ㄸ	ㄸ	ㄸ
ㄸ							

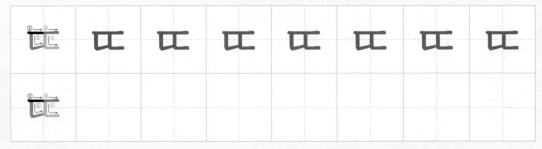

따	땨	떠	뗘	또
뚀	뚜	뜌	뜨	띠

리을

ㄹ	ㄹ	ㄹ	ㄹ	ㄹ	ㄹ	ㄹ
ㄹ						

라	랴	러	려	로
료	루	류	르	리

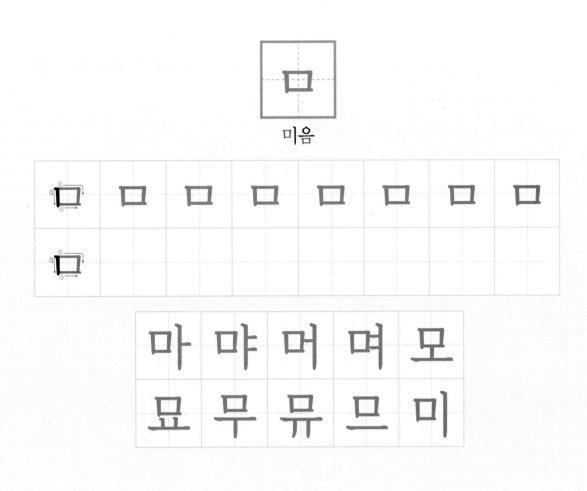

□

미음

마 먀 머 며 모
묘 무 뮤 므 미

ㅂ

비읍

바 뱌 버 벼 보
뵤 부 뷰 브 비

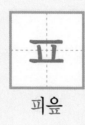

피읖

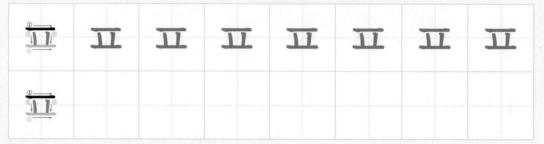							
파	파	파	파	파	파	파	파
파							

파	퍄	퍼	펴	포
표	푸	퓨	프	피

쌍비읍

ㅃ	ㅃ	ㅃ	ㅃ	ㅃ	ㅃ	ㅃ	ㅃ
ㅃ							

빠	뺘	뻐	뼈	뽀
뾰	뿌	쀼	쁘	삐

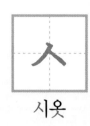

시옷

ㅅ	ㅅ	ㅅ	ㅅ	ㅅ	ㅅ	ㅅ	ㅅ
ㅅ							

사	샤	서	셔	소
쇼	수	슈	스	시

쌍시옷

ㅆ	ㅆ	ㅆ	ㅆ	ㅆ	ㅆ	ㅆ	ㅆ
ㅆ							

싸	쌰	써	쎠	쏘
쑈	쑤	쓔	쓰	씨

지읒

ㅈ	ㅈ	ㅈ	ㅈ	ㅈ	ㅈ	ㅈ	ㅈ
ㅈ							

자	쟈	저	져	조
죠	주	쥬	즈	지

치읓

ㅊ	ㅊ	ㅊ	ㅊ	ㅊ	ㅊ	ㅊ	ㅊ
ㅊ							

차	챠	처	쳐	초
쵸	추	츄	츠	치

쌍지읒

ㅉ	쯔	쯔	쯔	쯔	쯔	쯔	쯔
ㅉ							

짜	쨔	쩌	쪄	쪼
쬬	쭈	쮸	쯔	찌

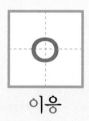

이응

ㅇ	ㅇ	ㅇ	ㅇ	ㅇ	ㅇ	ㅇ	ㅇ
ㅇ							

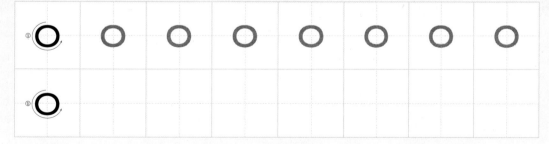

아	야	어	여	오
요	우	유	으	이

히읗

ㅎ	ㅎ	ㅎ	ㅎ	ㅎ	ㅎ	ㅎ	ㅎ
ㅎ							

하	야	허	혀	호
효	후	휴	흐	히

1
글자를 만들어요

무엇을 배울까요?

준비

- 배울 내용 살펴보기

소단원 1

글자의 짜임 알기

- 글자에서 자음자와 모음자 찾기
- 받침이 없는 글자의 짜임 알기

소단원 2

받침이 없는 글자 읽고 쓰기

- 바른 자세로 글자 읽고 쓰기
- 여러 가지 모음자 알기

실천

- 배운 내용 마무리하기

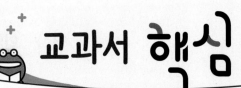

1 자음자와 모음자 알기

① 자음자

ㄱ	ㄴ	ㄷ	ㄹ	ㅁ	ㅂ	ㅅ	ㅇ	ㅈ	ㅊ
ㅋ	ㅌ	ㅍ	ㅎ	ㄲ	ㄸ	ㅃ	ㅆ	ㅉ	

② 모음자

ㅏ	ㅑ	ㅓ	ㅕ	ㅗ	ㅛ	ㅜ	ㅠ	ㅡ	ㅣ

2 글자에서 자음자와 모음자 찾기

① '파', '오'라는 글자에서 자음자는 글자의 왼쪽이나 위쪽에 있습니다.
② '오', '이'라는 글자에서 모음자는 아래쪽이나 오른쪽에 있습니다.

3 받침이 없는 글자의 짜임을 알고, 글자 만들기

① 자음자와 모음자가 만나서 글자가 만들어집니다. → 예 ㅌ+ㅏ=타
② 글자가 되려면 자음자는 글자에서 왼쪽이나 위쪽에 있어야 합니다.
③ 글자가 되려면 모음자는 글자에서 오른쪽이나 아래쪽에 있어야 합니다.
④ 글자와 글자가 만나면 낱말을 만들 수 있습니다. → 예 타+조=타조

4 글을 읽거나 글씨를 쓸 때 바른 자세 알기

① 허리를 곧게 세우고 바른 자세로 의자에 앉습니다.
② 책이나 연필을 바르게 잡습니다.
③ 다리는 가지런히 모으고 바닥에 발을 붙입니다.
④ 고개를 옆으로 기울이거나 손으로 턱을 받치지 않습니다.

5 여러 가지 모음자 알기

ㅐ	ㅔ	ㅒ	ㅖ	ㅘ	ㅙ	ㅚ	ㅝ	ㅞ	ㅟ	ㅢ

핵심 **확·인·문·제**

정답과 해설 ● 3쪽

1 자음자에는 '자', 모음자에는 '모'라고 쓰시오.

(1) ㄹ (   )

(2) ㅑ (   )

(3) ㅊ (   )

2 받침이 없는 글자에서 자음자는 글자의 왼쪽이나 위쪽에 있습니다.

(○ , ×   )

3 글자는 자음자와 □□ □이/가 만나서 만들어집니다.

4 글을 읽을 때에는 다리를 벌리고 의자에 앉습니다.

(○ , ×   )

5 다음 글자에 들어간 모음자를 쓰시오.

게

(   )

준비 🍃🍃 ─────────────────────── ❮ 배울 내용 살펴보기

정답과 해설 ● 3쪽

● 그림에 숨어 있는 자음자와 모음자 찾아보기

- **그림 설명**: 그림에 숨어 있는 자음자와 모음자를 찾아 익힐 수 있도록 한 그림입니다.

먼저 숨어 있는 낱자를 찾은 뒤, 그것이 자음자인지 모음자인지 생각해 봅니다.

🐌 교과서 핵심

● 이 그림에 숨어 있는 자음자와 모음자

자음자	모음자
ㄱ, ㄴ, ㅌ, ㄸ, ㄹ, ㅁ, ㅇ, ㅊ	ㅏ, ㅓ, ㅕ, ㅛ, ㅠ, ㅣ

📖 교과서 문제

1 이 그림에서 찾을 수 있는 자음자가 <u>아닌</u> 것은 무엇입니까? ( )

① ㄴ   ② ㄸ

③ ㅁ   ④ ㅊ

⑤ ㅎ

📖 교과서 문제

3 ㉠에서 찾을 수 있는 모음자는 무엇인지 쓰시오.

( )

2 다음 중 숨어 있는 낱자가 모음자인 것에 ○표를 하시오.

(1) 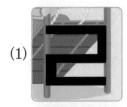 ( )

(2) 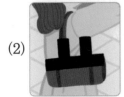 ( )

(3)  ( )

4 다음 그림에 숨어 있는 자음자의 이름은 무엇입니까? ( )

① 기역   ② 디귿

③ 시옷   ④ 이응

⑤ 티읕

● 모음자가 들어간 낱말을 말하며 길 찾아가 보기

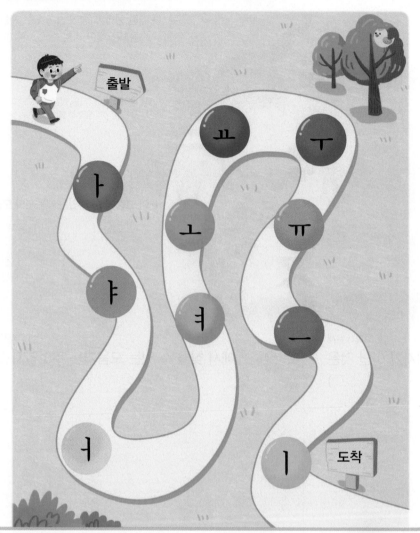

• **그림 설명:** 그림 속 모음자를 보며 그 모음자가 들어간 낱말을 떠올릴 수 있습니다.

🦉 교과서 **핵심**

● 모음자가 들어간 낱말 **예**

ㅏ	아기
ㅑ	야구
ㅓ	어제
ㅕ	여우
ㅗ	오리
ㅛ	학교
ㅜ	우주
ㅠ	우유
ㅡ	스키
ㅣ	시소

📖 교과서 문제

5 다음 낱말 중에서 모음자 'ㅏ'가 들어간 것은 무엇입니까? ( )

① 기차 ② 호두
③ 시소 ④ 그네
⑤ 여우

📖 교과서 문제

6 모음자와 그 모음자가 들어간 낱말을 찾아 선으로 이으시오.

(1) | ㅓ | •   • ① | 어부 |

(2) | ㅡ | •   • ② | 뉴스 |

핵심

7 모음자와 그 모음자가 들어간 낱말을 **잘못** 말한 친구의 이름을 쓰시오.

선아: '사자'라는 낱말에는 모음자 'ㅏ'가 들어 있어.
민수: 모음자 'ㅛ'는 '우유'라는 낱말에 들어 있어.
지혜: '거미'라는 낱말에서 모음자 'ㅓ'를 찾을 수 있어.

( )

8 모음자 'ㅣ'가 들어간 낱말을 **두 가지** 생각하여 쓰시오.

( )

● 자음자가 들어간 낱말을 말하며 땅따먹기 놀이해 보기

● **그림 설명**: 자음자의 이름을 소리 내어 읽어 보고, 어떤 낱말에 그 자음자가 들어가는지 생각해 봅니다. 땅따먹기 놀이는 자음자와 그 자음자가 들어간 낱말을 바르게 말하면 해당하는 자음자 땅을 가지는 놀이입니다.

📖 교과서 문제

9 자음자 'ㅍ'이 들어간 낱말은 무엇입니까?

( )

① 구두 ② 나무
③ 포도 ④ 호랑이
⑤ 도토리

핵심

10 자음자와 그 자음자가 들어간 낱말을 찾아 선으로 이으시오.

(1) ㄱ • • ① 호수

(2) ㅁ • • ② 고래

(3) ㅎ • • ③ 모자

11 ㉠의 자음자가 모두 들어간 두 글자의 낱말을 하나만 생각해서 쓰시오.

( )

12 ㉡의 땅을 모두 갖기 위해서 말해야 하는 낱말을 바르게 묶은 것은 무엇입니까? ( )

① 짜다 – 토끼 – 배추 – 코
② 사과 – 유리 – 빵 – 기차
③ 주스 – 다리미 – 바람 – 초
④ 바다 – 아기 – 바지 – 모자
⑤ 짜장면 – 타조 – 뿌리 – 조개

소단원 1 〉 글자에서 자음자와 모음자 찾기

● 물건의 이름 살펴보기

• **그림 설명**: 시장에서 파는 물건의 이름을 살펴보고 글자의 자음자와 모음자를 익힐 수 있는 그림입니다.

시장뿐 아니라 길을 걷거나 식당에 갔을 때 어떤 물건의 이름을 찾을 수 있는지 떠올려 봅니다.

교과서 핵심

● 이 그림에서 찾을 수 있는 물건의 이름

채소 가게	고구마, 고추, 파, 오이, 가지, 무, 배추
과일 가게	바나나, 포도, 사과
생선 가게	조개, 새우, 게

📖 교과서 문제

1 이 그림의 채소 가게에서 파는 물건이 <u>아닌</u> 것은 무엇입니까? (   )

① 파
② 무
③ 배추
④ 조개
⑤ 가지

3 이름에 자음자 'ㅂ'이 들어간 물건을 두 가지 고르시오. (,   )

① 게
② 배추
③ 고추
④ 고구마
⑤ 바나나

2 보기 에서 설명하는 물건의 이름을 그림에서 찾아 쓰시오.

> **보기**
> • 생선 가게에서 팔고 있습니다.
> • 이름에 자음자 'ㅅ', 'ㅇ'이 들어갑니다.
> • 이름에 모음자 'ㅐ', 'ㅜ'가 들어갑니다.

(   )

핵심

4 이름에 모음자 'ㅏ'가 들어간 물건으로 묶인 것은 무엇입니까? (   )

① 무 – 고추
② 게 – 배추
③ 파 – 바나나
④ 오이 – 포도
⑤ 조개 – 새우

1
단원

● 글자에서 자음자와 모음자가 어느 쪽에 있는지 살펴보기

| 교 | ㅏ |

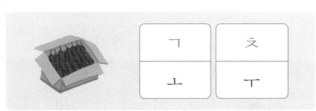

| ㄱ | ㅊ |
| ㅗ | ㅜ |

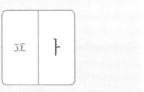

| ㅇ | | ㅇ | ㅣ |
| ㅗ | | | |

ㄱ

| ㄱ | | | ㅏ |
| | ㅜ | | |

→ '파, 오이'에서 자음자는 왼쪽이나 위쪽에 있습니다.

→ '고추', '고구마'에서 모음자는 아래쪽이나 오른쪽에 있습니다.

핵심

5 글자 '파'를 자음자와 모음자로 나누어 쓰시오.

| 교 | ㅏ |

(1) 자음자	
(2) 모음자	

7 낱말 '고추'에 대한 설명으로 알맞지 <u>않은</u> 것은 무엇입니까? ( )

① 자음자는 'ㄱ, ㅊ'이다.
② 모음자는 'ㅗ, ㅜ'이다.
③ 자음자는 위쪽에 있다.
④ 모음자는 아래쪽에 있다.
⑤ 모음자는 오른쪽에 있다.

6 '오이'에 들어 있는 자음자와 모음자를 모두 찾아 ○표 하시오.

| ㄱ ㄷ ㅇ ㅗ ㅜ ㅣ |

역량

8 그림 ㉠을 보고 빠진 자음자와 모음자를 써서 글자를 완성하시오.

| ㄱ | | | ㅏ |
| | ㅜ | | |

● 자음자와 모음자가 어느 쪽에 있는지 살펴보며 글자의 짜임 알아보기

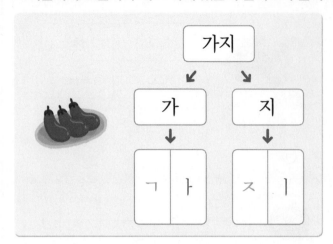

'도토리'처럼 한 낱말 안의 글자끼리도 자음자와 모음자의 위치가 다를 수 있습니다. '도'와 '토'는 자음자가 위쪽에, 모음자가 아래쪽에 있고, '리'는 자음자가 왼쪽에, 모음자가 오른쪽에 있습니다.

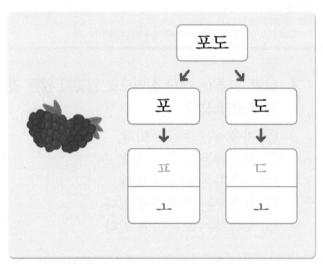

📖 교과서 문제

1 '가지'라는 낱말을 자음자와 모음자로 나누어 쓰시오.

(1) 자음자: (   )

(2) 모음자: (   )

핵심

2 '포도'라는 낱말에서 모음자에 대한 설명으로 알맞은 것은 무엇입니까?   (   )

① 'ㅍ, ㄷ'이 모음자이다.

② 글자에서 모음자가 위쪽에 있다.

③ 글자에서 모음자가 왼쪽에 있다.

④ 글자에서 모음자가 아래쪽에 있다.

⑤ 글자에서 모음자가 오른쪽에 있다.

3 ㉠을 글자의 짜임에 맞게 자음자와 모음자로 나누었습니다. 빈칸에 알맞은 낱자를 쓰시오.

기	차
ㄱ	ㅏ

📖 교과서 문제

4 ㉡의 빈칸에 들어갈 자음자와 모음자가 알맞게 묶인 것은 무엇입니까?   (   )

① ㅗ, ㅌ, ㅣ   ② ㅜ, ㅌ, ㅣ

③ ㅏ, ㄷ, ㅣ   ④ ㅛ, ㄷ, ㅏ

⑤ ㅗ, ㄷ, ㅏ

1 단원

● 글자표에서 글자의 짜임 살펴보기 ①

모음자 자음자	ㅏ	ㅑ	ㅓ	ㅕ	ㅗ	ㅛ	ㅜ	ㅠ	ㅡ	ㅣ
ㄱ	가	갸	거	겨	고	교	구	규	그	기
ㄴ	나	냐	너	녀	노	뇨	누	뉴	느	니
ㄷ	다	댜	더	뎌	도	됴	두	듀	드	디
ㄹ	라	㉠	러	려	로	료	루	류	르	리
ㅁ	마	먀	머	며	모	묘	무	뮤	므	미
ㅂ	바	뱌	버	벼	보	뵤	부	뷰	㉡	비
ㅅ	사	샤	서	셔	소	쇼	수	슈	스	시

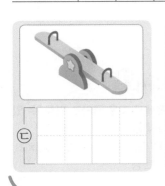

㉢

모 자

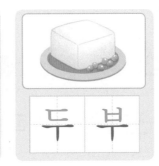

두 부

• 그림 설명: 자음자 'ㄱ~ㅅ'과 모음자 'ㅏ~ㅣ'를 합쳐서 글자를 만들어 볼 수 있는 표입니다.

교과서 핵심

◉ 이 표에서 찾은 글자로 만들 수 있는 낱말 예

시소, 두부, 비녀, 너구리, 보리, 고구마, 노루 등

역량　　　　　　　　📖 교과서 문제

5 이 글자표에서 자음자 'ㄱ'과 모음자 'ㅛ'가 만나면 어떤 글자가 됩니까?　　　(　)

① 가　　　　② 고
③ 교　　　　④ 규
⑤ 쇼

---

7 글자표에 있는 글자를 사용해서 ㉢에 알맞은 낱말을 만들어 쓰시오.

(　　　　　　　　　)

📖 교과서 문제

6 글자표에서 ㉠과 ㉡에 들어갈 글자를 각각 선으로 이으시오.

(1) [㉠]　　•　　•① [브]

(2) [㉡]　　•　　•② [랴]

---

8 이 글자표에서 찾은 글자로 만들 수 있는 낱말이 <u>아닌</u> 것은 무엇입니까?　　(　)

① 노루
② 파리
③ 바다
④ 고구마
⑤ 다리미

소단원 1

● 글자표에서 글자의 짜임 살펴보기 ②

자음자＼모음자	ㅏ	ㅑ	ㅓ	ㅕ	ㅗ	ㅛ	ㅜ	ㅠ	ㅡ	ㅣ
ㅇ	아	야	어	여	오	요	우	유	으	이
ㅈ	자	쟈	저	져	조	죠	주	쥬	즈	지
ㅊ	차	챠	처	쳐	초	㉡	추	츄	츠	치
ㅋ	카	캬	커	켜	코	쿄	쿠	큐	크	키
ㅌ	타	㉠	터	텨	토	툐	투	튜	트	티
ㅍ	파	퍄	퍼	펴	포	표	푸	퓨	㉢	피
ㅎ	하	햐	허	혀	호	효	후	휴	흐	히

타 조

코

파 도

● 그림 설명: 자음자 'ㅇ~ㅎ'과 모음자 'ㅏ~ㅣ'를 합쳐서 글자를 만들어 볼 수 있는 표입니다.

교과서 핵심

● 이 표에서 찾은 글자로 만들 수 있는 낱말 예

　타조, 코, 혀, 코코아, 차, 자유, 치즈, 우유, 초 등

📖 교과서 문제

9 이 글자표에서 '초'는 어떤 자음자와 모음자가 만나 만들어진 글자인지 두 가지 고르시오.

（　　，　　）

① ㅊ　　　　　② ㅋ
③ ㅗ　　　　　④ ㅜ
⑤ ㅛ

📖 교과서 문제

10 글자표에서 ㉠~㉢에 들어갈 글자를 각각 선으로 이으시오.

(1) ㉠ •　　　　• ① 탸

(2) ㉡ •　　　　• ② 쵸

(3) ㉢ •　　　　• ③ 프

11 이 글자표에서 찾을 수 있는 글자로 만든 낱말이면서, 자음자 'ㅇ'이 들어간 것은 무엇입니까?

（　　）

① 우리
② 지하
③ 주스
④ 커피
⑤ 우유

역량

12 이 글자표에서 글자를 찾아, 두 글자로 된 낱말을 두 개 만드시오.

（　　　　　　）

● 글자 만들어 보기

ㄱ

ㅂ ㅣ

ㄱ ㅍ ㅅ ㅌ ㄷ ㅊ
ㅈ ㅁ ㄴ ㅇ ㅎ ㄹ

ㅠ ㅡ ㅑ ㅓ ㅗ
ㅕ ㅏ ㅛ

|놀이 방법|

❶ 자음자 카드와 모음자 카드를 각각 나누어 가져요.

❷ 각자 카드를 한 장씩 골라요.

❸ 고른 카드를 서로 맞대어 글자를 만들어요.

❹ 만든 글자를 써요.

• 그림 설명: 자음자 카드와 모음자 카드를 가지고 글자를 만들어 보는 놀이를 설명하고 있습니다.

자음자 카드와 모음자 카드를 합쳐서 글자를 만들어야 합니다. 자음자끼리, 모음자끼리는 글자가 만들어지지 않습니다.

교과서 핵심

● 자음자 카드와 모음자 카드로 글자 만들어 보기 예

ㅂ + ㅣ = 비

ㄴ + ㅜ = 누

📖 교과서 문제

13 친구들이 만든 ㉠에 들어갈 글자는 무엇인지 쓰시오.

(   )

핵심

14 다음 빈칸에 알맞은 자음자나 모음자, 글자를 쓰시오.

(1) ㅂ + ㅜ = 부

(2) ㅅ + ㅑ = 샤

(3) ㄴ + ㅡ = 느

15 자음자 카드와 모음자 카드로 만든 글자가 알맞지 <u>않은</u> 것은 무엇입니까? (   )

① ㄴ + ㅕ = 녀

② ㄹ + ㅣ = 리

③ ㅊ + ㅏ = 차

④ ㅋ + ㅜ = 큐

⑤ ㅎ + ㅛ = 효

16 다음 자음자 카드와 모음자 카드로 만들 수 있는 낱말은 무엇입니까? (   )

ㄴ ㅂ ㅣ ㅏ

① 두부   ② 나비
③ 비녀   ④ 노루
⑤ 바나나

 **소단원 2** 〈 바른 자세로 글자 읽고 쓰기

● 글을 읽을 때의 바른 자세 알아보기

• **사진 설명**: 친구가 글을 읽는 여러 가지 자세를 보고, 글을 읽을 때의 바른 자세를 알 수 있습니다.

글을 읽을 때 바른 자세로 앉지 않으면 오래 앉아 있기 힘듭니다.

교과서 핵심

● **글을 읽을 때의 바른 자세**
• 허리를 바르게 세우고 앉습니다.
• 책을 손으로 바르게 잡습니다.
• 다리는 가지런히 모으고 바닥에 발을 붙입니다.
• 손으로 얼굴이나 머리를 받치거나 고개를 기울이지 않습니다.

---

1 가~라에서 알 수 있는 것은 무엇입니까? ( )

① 글을 빨리 읽는 방법
② 글을 쓸 때의 바른 자세
③ 연필을 바르게 잡는 방법
④ 글을 읽을 때의 바른 자세
⑤ 글을 소리 내어 읽는 방법

📖 교과서 문제
2 그림 가~라 가운데 바른 자세로 글을 읽고 있는 것을 찾아 기호를 쓰시오.
( )

3 나에서 글을 읽는 자세가 어떠한지 **두 가지** 고르시오. (,)

① 책상에 엎드려 있다.
② 손으로 얼굴을 받치고 있다.
③ 책이 아닌 하늘을 보고 있다.
④ 다리를 벌리고 의자에 앉아 있다.
⑤ 다른 친구와 이야기를 하고 있다.

핵심
4 다음 글을 바른 자세로 읽으려고 합니다. 알맞은 자세에 **모두** ○표를 하시오.

> 나무야 나무야 서서 자는 나무야
> 나무야 나무야 다리 아프지
> 나무야 나무야 누워서 자거라

(1) 손으로 턱을 받치고 읽는다. ( )
(2) 허리를 바르게 세우고 앉는다. ( )
(3) 다리를 가지런히 모으고 앉는다. ( )
(4) 고개를 옆으로 기울이고 읽는다. ( )

● 글씨를 쓸 때의 바른 자세 알아보기

가

나

다

라

• **사진 설명:** 친구가 글씨를 쓰는 여러 가지 자세를 보고, 글씨를 쓸 때의 바른 자세를 알 수 있습니다.

연필은 너무 바짝 잡거나 멀리 잡지 않습니다. 또, 연필을 너무 세우지 말고 적당하게 기울여서 잡습니다.

🐌 **교과서 핵심**

● **글씨를 쓸 때의 바른 자세**
• 고개를 지나치게 숙이지 말고, 허리를 바르게 세우고 앉습니다.
• 다리를 꼬거나 벌리지 말고 가지런히 모아서 앉습니다.
• 손으로 턱을 받치지 않습니다.
• 한 손으로 공책을 누르고, 연필을 바르게 잡고 글씨를 씁니다.

📖 교과서 문제

5 가~라 가운데 글씨를 쓰는 자세가 바른 것을 찾아 기호를 쓰시오.

( )

7 글씨를 쓸 때 나에서 고쳐야 할 점을 두 가지 고르시오. (,)

① 다리를 꼬고 앉은 것
② 다리를 벌리고 앉은 것
③ 연필을 바르게 잡지 않은 것
④ 몸을 지나치게 앞으로 기울인 것
⑤ 손으로 턱을 받치고 비스듬히 앉은 것

6 바른 자세로 글씨를 쓰는 친구에 대한 설명이 아닌 것은 무엇입니까? ( )

① 다리를 꼬지 않았다.
② 한 손을 얼굴에 대고 있다.
③ 허리를 바르게 세우고 앉았다.
④ 다리를 가지런히 모으고 앉았다.
⑤ 연필을 바르게 잡고 글씨를 쓰고 있다.

서술형

8 자신의 글씨 쓰는 자세를 떠올리고 어떤 점을 고쳐야 할지 쓰시오.

_____

_____

● 모음자 ㅐ, ㅔ 알아보기

모래

배

새

게

그네

제비

● 모음자 ㅒ, ㅖ 알아보기

얘기

얘야

계단

시계

예의

● 모음자 ㅘ, ㅙ, ㅚ 알아보기

과자

기와

사과

돼지

왜

횃불

열쇠

참외

최고

● 모음자 ㅝ, ㅞ, ㅟ 알아보기

병원

월요일

태권도

꿰매다

스웨터

가위

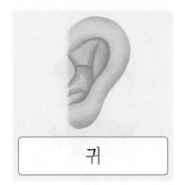

귀

바위

● 모음자 ㅢ 알아보기

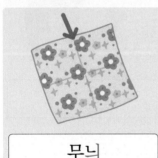

무늬

의사

의자

교과서 핵심

○ 모음자가 들어가는 낱말 더 알아보기 예

ㅐ	개미, 무대	ㅔ	제기, 동네	ㅒ	애들아
ㅖ	예절, 에쁘다	ㅘ	화요일, 과일	ㅙ	왜가리, 왜냐하면
ㅚ	괴물, 죄인	ㅝ	권투, 원숭이	ㅞ	꿰다, 궤도
ㅟ	심표, 키위	ㅢ	희다, 주의		

1 다음 낱말에 공통으로 들어간 모음자는 무엇입니까? ( )

모래　배　새

① ㅐ
② ㅒ
③ ㅔ
④ ㅗ
⑤ ㅙ

2 다음 낱말에 공통으로 들어간 모음자를 쓰시오.

게　그네　제비

( )

📖 교과서 문제

3 각 모음자가 들어간 낱말을 찾아 선으로 이으시오.

(1) ㅒ •

(2) ㅖ •

• ① 시계, 예의

• ② 얘기, 얘야

📖 교과서 문제

4 다음 그림을 보고, 두 낱말의 빈 곳에 공통으로 들어갈 모음자를 쓰시오.

ㄱ 자　사 ㄱ

( )

📖 교과서 문제

5 밑줄 그은 낱말을 바르게 쓴 것은 무엇입니까? ( )

① 참에가 참 달구나.
② 햇불이 활활 탄다.
③ 열쇄로 문을 열어라.
④ 되지가 꿀꿀 울었다.
⑤ 왜 그렇게 놀란 표정이니?

6 다음 글자에서 공통으로 빠진 모음자가 들어간 낱말은 무엇입니까? ( )

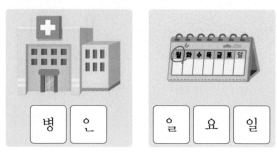

병 ㅇ　　을 요 일

① 권투
② 최고
③ 기와
④ 가위
⑤ 예의

📖 교과서 문제

7 같은 모음자가 들어간 낱말이 <u>아닌</u> 것은 무엇입니까? ( )

① 귀
② 바위
③ 궤도
④ 가위
⑤ 바퀴

역량

8 모음자 'ㅚ'가 들어간 낱말을 한 가지 생각하여 쓰시오.

( )

● 모음자 ㅐ, ㅔ 알아보기

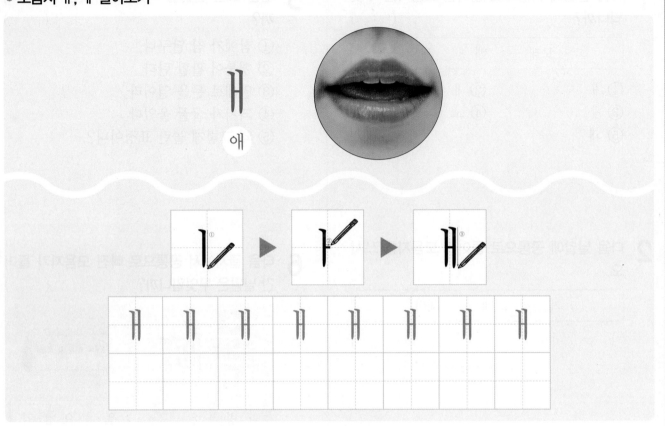

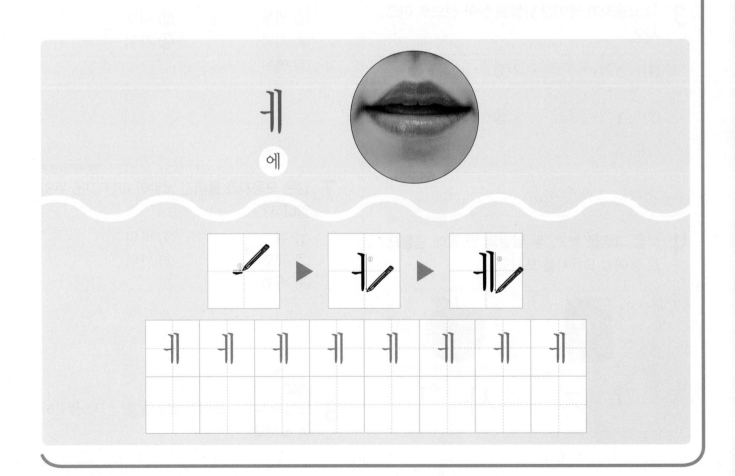

● 모음자 ㅐ, ㅔ 알아보기

● 모음자 ㅒ, ㅖ 알아보기

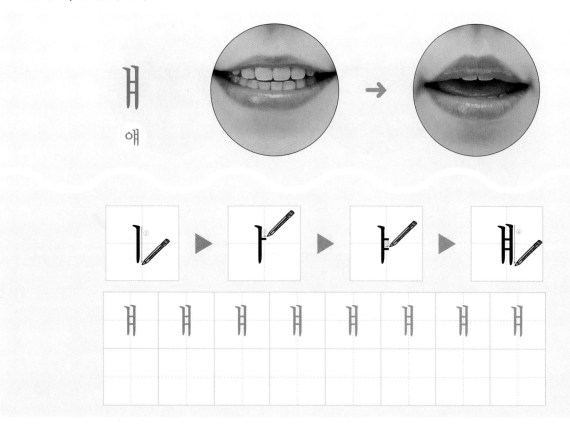

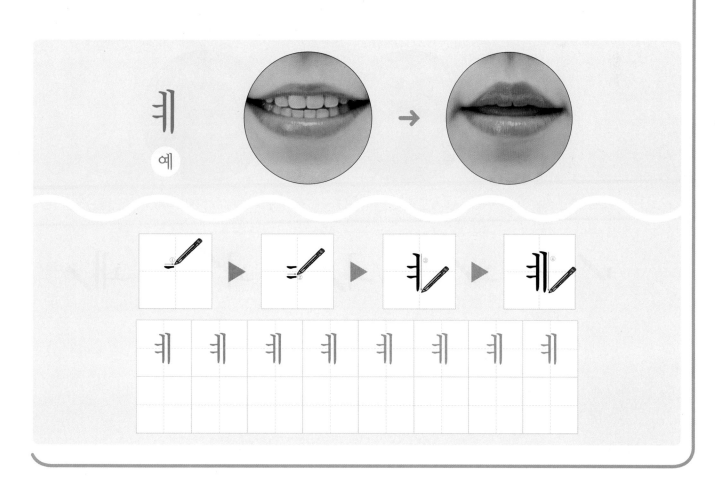

소단원 2

● 모음자 ㅘ, ㅙ, ㅚ 알아보기

ㅘ

와

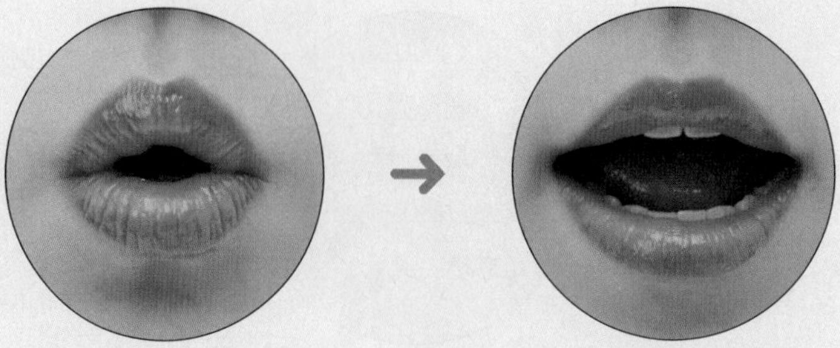

ㅘ ㅘ ㅘ ㅘ ㅘ ㅘ ㅘ ㅘ

ㅙ

왜

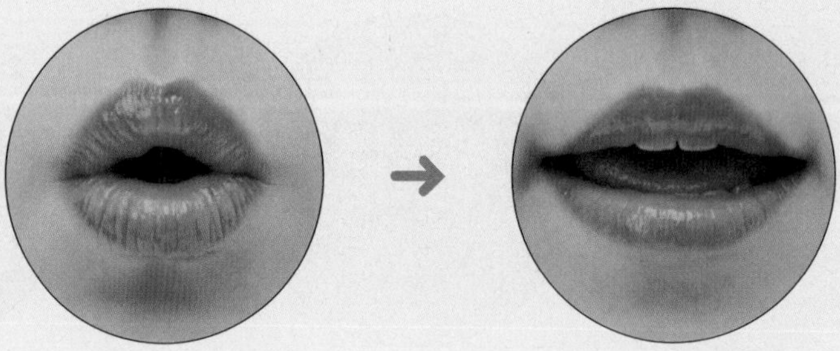

ㅙ ㅙ ㅙ ㅙ ㅙ ㅙ ㅙ ㅙ

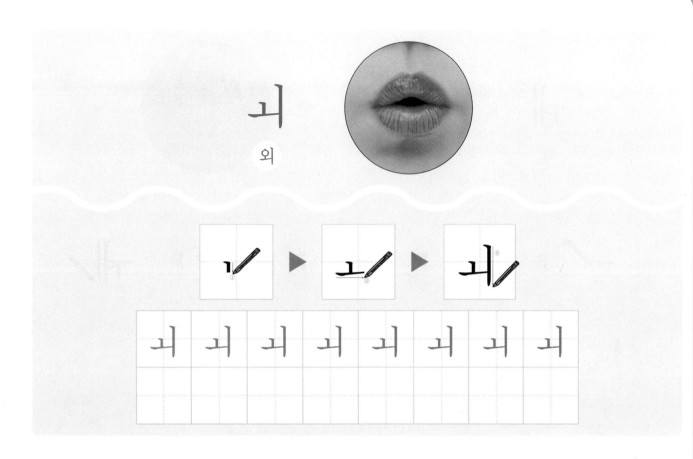

외

ㅚ ㅚ ㅚ ㅚ ㅚ ㅚ ㅚ ㅚ

● 모음자 ㅝ, ㅞ, ㅟ 알아보기

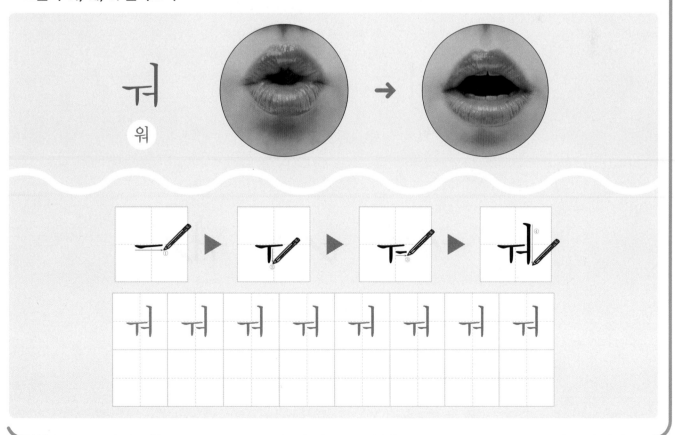

워

ㅝ ㅝ ㅝ ㅝ ㅝ ㅝ ㅝ ㅝ

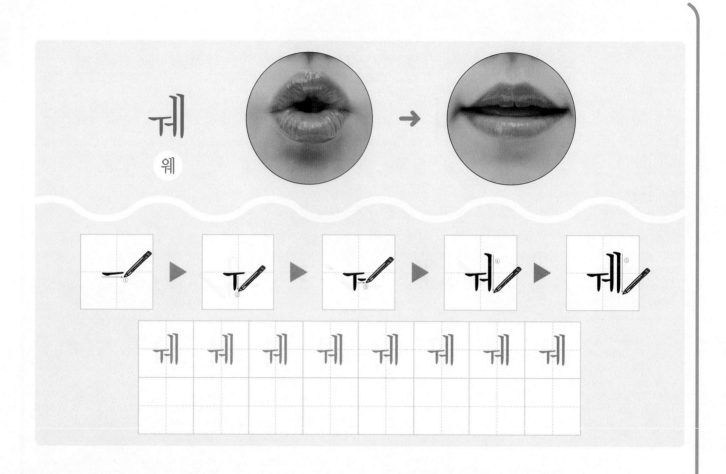

ㅞ
웨

ㅟ
위

● 모음자 ㅢ 알아보기

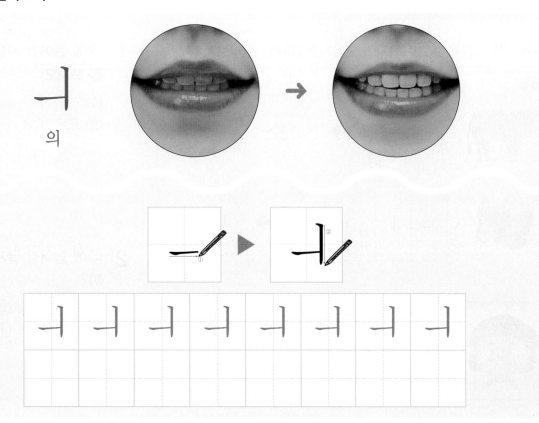

ㅢ
의

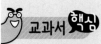

● 모음자 알아보기

• 모음자는 21개가 있습니다.

ㅏ	ㅑ	ㅓ	ㅕ	ㅗ	ㅛ	ㅜ	ㅠ	―	ㅣ	
ㅐ	ㅔ	ㅒ	ㅖ	ㅘ	ㅙ	ㅚ	ㅝ	ㅞ	ㅟ	ㅢ

• 글자는 자음자와 모음자가 만나서 만들어집니다.
• 모음자는 글자에서 오른쪽에 있거나 아래쪽에 있습니다.

● 모음자가 들어간 낱말 예

ㅐ	모래	ㅔ	그네	ㅒ	애기
ㅖ	계단	ㅘ	과자	ㅙ	돼지
ㅚ	참외	ㅝ	병원	ㅞ	스웨터
ㅟ	바위	ㅢ	무늬		

실력 키우기 · 10~11 쪽　**소단원 1. 글자의 짜임 알기**

● 보기 처럼 그림을 보고 자음자와 모음자로 글자 만들어 보기

보기

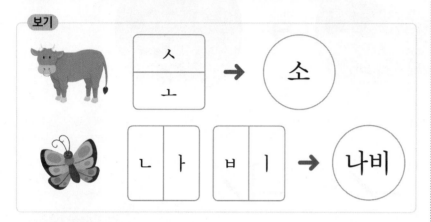

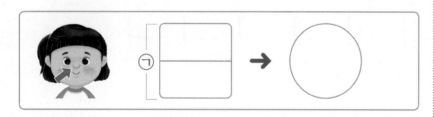

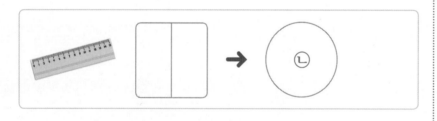

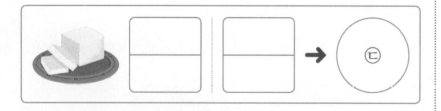

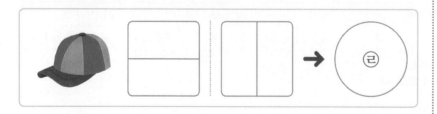

1 ㉠에 들어갈 자음자와 모음자를 쓰시오.

　(1) 자음자: (　　　　　)

　(2) 모음자: (　　　　　)

2 ㉡에 들어갈 글자는 무엇입니까?　　　　　(　　　)

　① 사　　　② 자

　③ 차　　　④ 카

　⑤ 파

3 ㉢에 들어갈 낱말에 대한 설명으로 알맞지 않은 것은 무엇입니까?　　　　　(　　　)

　① 모음자는 'ㅜ'이다.

　② '두부'라는 낱말이다.

　③ 자음자는 'ㄷ, ㅂ'이다.

　④ 자음자는 위쪽에 있다.

　⑤ 모음자는 오른쪽에 있다.

4 ㉣과 ㉤에 들어갈 알맞은 낱말을 찾아 선으로 이으시오.

　(1)　㉣　•　　•①　모자

　(2)　㉤　•　　•②　주사

실력 키우기 ● 14~16쪽   소단원 2. 받침이 없는 글자 읽고 쓰기

● 그림에 알맞은 글자에 ○표를 하고 글자를 소리 내어 읽어 보기

ㄱ | 나사
나샤

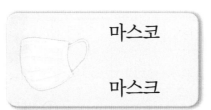

마스코
마스크

고도
구두

다리
더리

바다
바더

구기
고기

도토리
도툐리

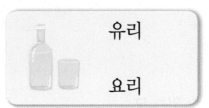

유리
요리

● 모음자와 그 이름을 선으로 이어 보기

ㅐ ·

ㅔ ·

ㅚ ·

ㅟ ·

ㅘ ·

ㅙ ·

· 에

· 외

· 애

· 왜

· 위

· 와

5 ㉠에 알맞은 글자를 찾아 ○표를 하시오.

(1) 나사   (   )
(2) 나샤   (   )

6 다음 가운데 낱말을 바르게 쓴 것은 무엇입니까?   (   )

① 더리   ② 바더
③ 고기   ④ 마스코
⑤ 도툐리

7 다음 모음자의 이름을 선으로 이으시오.

(1) ㅒ ·   · ① 왜

(2) ㅙ ·   · ② 애

8 모음자 'ㅟ'의 이름으로 알맞은 것은 무엇입니까?   (   )

① 이   ② 외
③ 와   ④ 위
⑤ 웨

📖 교과서 문제

1 다음 그림을 보고, 두 번째 글자에 들어갈 알맞은 모음자를 쓰시오.

| 모 | ㄹ |

( )

📖 교과서 문제

2 다음 그림에 알맞은 낱말을 만들 수 있는 자음자나 모음자가 <u>아닌</u> 것은 무엇입니까? ( )

① ㄱ　　　② ㄴ　　　③ ㅜ
④ ㅡ　　　⑤ ㅔ

핵심

3 다음 그림에 알맞은 낱말을 만들 수 있는 모음자를 <u>두 가지</u> 고르시오. (,)

① ㅣ　　　② ㅏ　　　③ ㅓ
④ ㅢ　　　⑤ ㅟ

4 다음 그림에 알맞은 낱말을 완성하시오.

| 카 | |

핵심

5 다음 낱자를 사용해 만들 수 있는, 그림에 알맞은 낱말은 무엇입니까? ( )

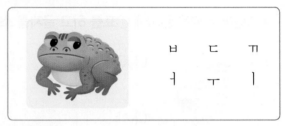

| ㅂ | ㄷ | ㄲ |
| ㅓ | ㅜ | ㅣ |

① 버두끼　　　② 두꺼비
③ 더부끼　　　④ 꺼디버
⑤ 꾸비두

6 다음 그림에 알맞은 낱말을 바르게 쓴 것에 ○표를 하시오.

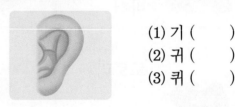

(1) 기 ( )
(2) 귀 ( )
(3) 퀴 ( )

7 다음 낱말 가운데 모음자 'ㅐ'가 들어가지 <u>않</u>은 것은 무엇입니까? ( )

① 매미　　　② 새우
③ 노래　　　④ 최고
⑤ 무지개

8 밑줄 그은 낱말을 바르게 고쳐 쓰시오.

오늘의 전날을 가리키는 말은 '<u>어재</u>'야.

( )

단원 평가

정답과 해설 ● 6쪽

1~2

1 이 그림에서 찾을 수 있는 모음자가 <u>아닌</u> 것
은 무엇입니까? ( )

① ㅓ   ② ㅗ
③ ㅛ   ④ ㅣ
⑤ ㅕ

2 이 그림에서 찾을 수 있는 자음자를 <u>두 가지</u>
쓰시오.

( )

중요

3 다음 중 자음자와 그 자음자가 들어간 낱말을
잘못 묶은 것은 무엇입니까? ( )

① ㄱ – 가구
② ㅁ – 모래
③ ㅇ – 아기
④ ㅍ – 바지
⑤ ㄷ – 도토리

4~7

4 이 그림에 나와 있는 물건의 이름이 <u>아닌</u> 것
은 무엇입니까? ( )

① 파   ② 오이
③ 포도   ④ 고추
⑤ 고구마

5 이 그림에 나와 있는 물건 중 이름에 자음자
'ㄱ'이 들어간 것을 <u>두 가지</u> 쓰시오.

( )

6 '배추'를 자음자와 모음자로 나누어 쓰시오.
(1) 자음자: ( )
(2) 모음자: ( )

7 '고구마'의 각 글자에서 모음자는 어디에 있는
지 선으로 이으시오.

(1) 고 ・   ・① 아래쪽

(2) 구 ・

(3) 마 ・   ・② 오른쪽

8 다음 글자의 짜임을 생각하며 빈칸에 알맞은 자음자나 모음자를 쓰시오.

가		지

	ㅏ

	ㅈ

중요

9 '포도'라는 낱말을 만들 때 필요한 자음자와 모음자로 묶인 것은 무엇입니까? ( )

① ㅂ, ㄷ, ㅜ
② ㅍ, ㄷ, ㅗ
③ ㅍ, ㄷ, ㅜ
④ ㅎ, ㄷ, ㅜ
⑤ ㅁ, ㄹ, ㅗ, ㅜ

실력 UP

10 '도토리'라는 글자의 짜임으로 알맞지 않은 것은 무엇입니까? ( )

① 모음자는 'ㅗ, ㅣ'이다.
② 자음자는 'ㄷ, ㅌ, ㄹ'이다.
③ 'ㄹ'은 글자에서 아래쪽에 있다.
④ 'ㄷ, ㅌ'은 글자에서 위쪽에 있다.
⑤ 'ㅗ'는 글자에서 아래쪽에 있고 'ㅣ'는 오른쪽에 있다.

국어 활동

11 다음 그림에 알맞은 자음자와 모음자를 빈칸에 써서 글자를 만들고 낱말을 완성하시오.

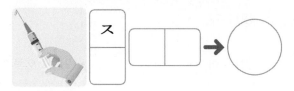

ㅈ	

→ ◯

12~13

모음자 자음자	ㅏ	ㅑ	ㅓ	ㅕ	ㅗ	ㅛ	ㅜ	ㅠ	ㅡ	ㅣ
ㄱ	가	갸	거	겨	고	교	구	규	그	기
ㄴ	나	냐	너	녀	노	뇨	누	뉴	느	니
ㄷ	다	댜	더	뎌	도	됴	두	듀	드	디
ㄹ	라	랴	러	려	로	료	루	류	르	리
ㅁ	마	먀	머	며	모	묘	무	뮤	므	미
ㅂ	바	뱌	버	벼	보	뵤	부	뷰	브	비
ㅅ	사	샤	서	셔	소	쇼	수	슈	스	시

12 이 글자표에서 글자를 찾아 만들 수 있는 낱말이 아닌 것은 무엇입니까? ( )

① 다리　　② 시소
③ 허리　　④ 두부
⑤ 고구마

국어 활동

13 글자표에서 글자를 찾아 낱말을 완성하시오.

(1) | | 두 |

(2) | 다 | |

14 다음 낱말을 만들 때에 필요한 자음자와 모음자가 아닌 것은 무엇입니까? ( )

비	누

① ㄴ　　② ㅂ
③ ㅣ　　④ ㅗ
⑤ ㅜ

15 가~라 가운데 바른 자세로 글을 읽는 것을 찾아 기호를 쓰시오.

 가

 나

 다

 라

(   )

중요

16 글씨를 쓸 때의 바른 자세는 무엇입니까?

(   )

① 허리를 숙이고 글씨를 쓴다.
② 다리를 꼬고 의자에 앉는다.
③ 책상에 엎드려서 글씨를 쓴다.
④ 손으로 턱을 괴고 글씨를 쓴다.
⑤ 허리를 세우고 다리를 가지런히 모아 앉는다.

17 모음자 'ㅖ'가 들어간 낱말이 <u>아닌</u> 것은 무엇입니까? (   )

① 게   ② 세모
③ 그네   ④ 제비
⑤ 시계

18 다음 낱말에 공통으로 들어간 모음자는 무엇입니까? (   )

| 열쇠   참외   최고   야외 |

① ㅓ   ② ㅚ
③ ㅏ   ④ ㅐ
⑤ ㅑ

서술형

19 모음자 'ㅟ'가 들어간 낱말을 넣어 짧은 글을 쓰시오.

_____

_____

국어 활동

20 그림에 알맞은 글자에 ○표를 하시오.

(1)
마스코 (   )
마스크 (   )

(2)
바다 (   )
바더 (   )

● 글씨를 바르게 써 보시오.

무	파
무	파
무	파

새	우
새	우
새	우

고	구	마
고	구	마
고	구	마

바	위
바	위
바	위

시	계
시	계
시	계

의	자
의	자
의	자

2

받침이 있는 글자를 읽어요

무엇을 배울까요?

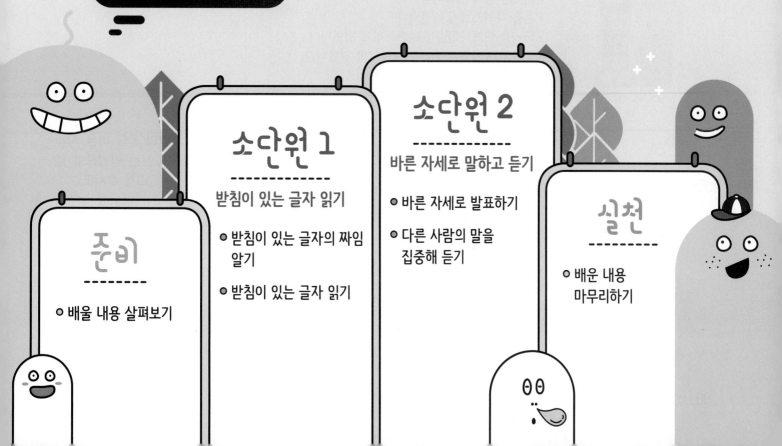

준비
- 배울 내용 살펴보기

소단원 1
받침이 있는 글자 읽기
- 받침이 있는 글자의 짜임 알기
- 받침이 있는 글자 읽기

소단원 2
바른 자세로 말하고 듣기
- 바른 자세로 발표하기
- 다른 사람의 말을 집중해 듣기

실천
- 배운 내용 마무리하기

1 글자의 받침

'코'에 'ㅇ'을 붙이면 '콩'이 됩니다. '콩'의 'ㅇ'과 같이 글자 아래쪽에 있는 자음자를 받침이라고 합니다. → 글자에 받침을 더하면 새로운 글자가 됩니다.

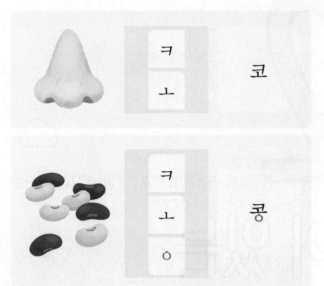

| ㅋ | |
| ㅗ | 코 |

ㅋ	
ㅗ	콩
ㅇ	

2 바른 자세로 발표하는 방법

- 듣는 사람을 바라봅니다.
- 허리를 곧게 세웁니다.
- 손을 자연스럽게 내립니다.
- 다리를 어깨너비만큼 자연스럽게 벌립니다.
- 알맞은 크기의 목소리로 또박또박 말합니다.

3 다른 사람의 말을 집중해 듣는 방법

- 말하는 사람을 바라봅니다.
- 허리를 등받이에 붙이고 앉습니다.
- 손을 허벅지나 책상 위에 자연스럽게 놓습니다.
- 다리를 가지런히 합니다.
- 말하는 내용을 귀 기울여 듣습니다.

1 '콩'의 'ㅇ'과 같이 글자 아래쪽에 있는 자음자를 ☐☐(이)라고 합니다.

2 '문'에서 받침은 'ㄴ'입니다.
(○ , ×)

3 발표를 할 때에는 다리를 ☐☐☐☐만큼 자연스럽게 벌립니다.

4 다른 사람의 말을 바른 자세로 집중해 듣는 방법으로 알맞은 것에 ○표를 하시오.
(1) 몸을 뒤로 젖힌다. ( )
(2) 다리를 넓게 벌린다.
( )
(3) 고개를 숙여 책상 아래를 쳐다본다. ( )
(4) 말하는 내용을 귀 기울여 듣는다. ( )

준비

● 글자의 받침 살펴보기

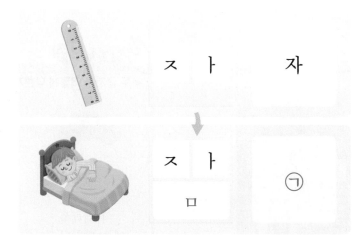

ㅈ ㅏ 자

↓

ㅈ ㅏ
ㅁ   ㉠

● 말하고 들을 때의 바른 자세 알아보기

교과서 핵심

◉ 글자의 받침 알아보기
• '자'에 'ㅁ'을 붙이면 '잠'이 됩니다. '잠'의 'ㅁ'과 같이 글자 아래쪽에 있는 자음자를 받침이라고 합니다.
• 글자에 받침을 더하면 새로운 글자가 됩니다. 받침에는 여러 가지 자음자를 사용할 수 있습니다.

1 ㉠에 들어갈 알맞은 글자는 무엇입니까?
( )
① 자 ② 작 ③ 잘 ④ 잠 ⑤ 장

2 다음 글자에서 받침이 무엇인지 찾아 쓰시오.

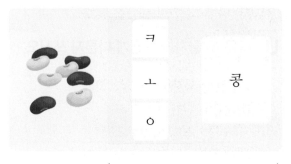

ㅋ
ㅗ   콩
ㅇ

( )

3 ❶~❼ 가운데 바른 자세로 듣고 있는 친구를 두 명 골라 번호를 쓰시오.
( )

핵심

4 ❷번 친구는 어떤 자세로 이야기를 듣고 있습니까? ( )
① 턱을 괴고 있다.
② 바닥을 보고 있다.
③ 선생님을 바라보고 있다.
④ 옆 친구와 이야기를 하고 있다.
⑤ 말하는 사람이 아닌 다른 곳을 보고 있다.

소단원 1

● 초록색 자음자를 살펴보며 낱말 읽어 보기

구름
숲
집
벽 방
옷
디귿
벌
문

교과서 핵심

● 두 글자가 어떻게 다른지 알아보기

차   창

'차' 아래쪽에는 받침이 없어요.

'차'에 'ㅇ'이 붙어서 '창'이 되었어요.

---

1 그림에서 볼 수 없는 낱말은 무엇입니까?

( )

① 물   ② 방

③ 숲   ④ 구름

⑤ 디귿

2 다음 글자에서 받침으로 쓰인 자음자가 무엇인지 쓰시오.

 벌

( )

3 글자를 소리 내어 읽으며 그림에 알맞은 낱말을 선으로 이으시오.

(1)  ·   · ① 창

(2)  ·   · ② 차

서술형   📖 교과서 문제

4 다음 두 글자가 어떻게 다른지 쓰시오.

차   창

_____

_____

● 글자의 받침 알아보기

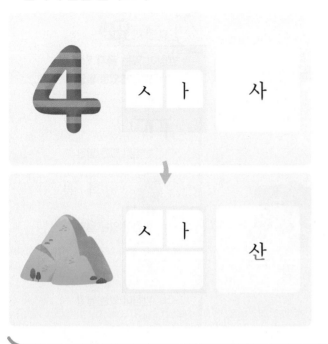

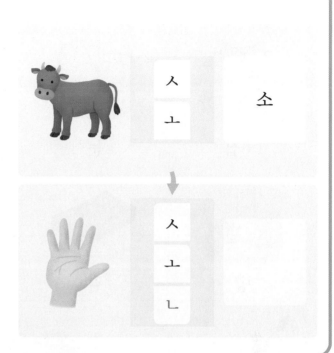

5 '사'를 만들 수 있는 자음자와 모음자를 빈칸에 각각 쓰시오.

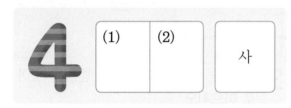

7 핵심 글자의 받침을 생각하며 다음 빈칸에 알맞은 글자를 쓰시오.

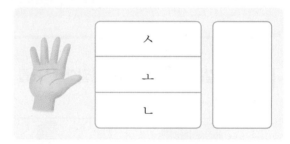

6 그림에 어울리는 낱말을 완성하기 위해 빈칸에 들어갈 자음자로 알맞은 것은 무엇입니까? ( )

① ㄴ   ② ㅂ
③ ㄹ   ④ ㅁ
⑤ ㅇ

📖 교과서 문제

8 그림을 보고, 보기 에서 알맞은 자음자를 찾아 빈칸에 쓰시오.

보기

ㄱ   ㄴ   ㄷ   ㄹ   ㅁ   ㅅ

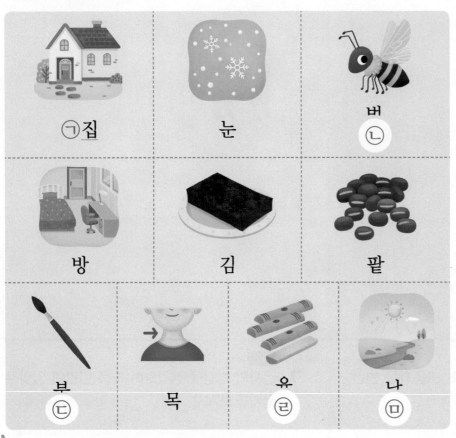

● 글자에 알맞은 받침 쓰기

㉠집	눈	버㉡
방	김	팥
부㉢	목	유㉣	나㉤

교과서 **핵심**

● 받침이 있는 글자 읽기 **예**

• 'ㄱ' 받침이 있는 낱말

　　낙 타

• 'ㄴ' 받침이 있는 낱말

　　화 분

• 'ㄷ' 받침이 있는 낱말

　　돋 보 기

• 'ㄹ' 받침이 있는 낱말

　　열 쇠

• 'ㅁ' 받침이 있는 낱말

　　감

📖 교과서 문제

1 ㉠과 같은 받침이 있는 낱말에 ○표를 하시오.

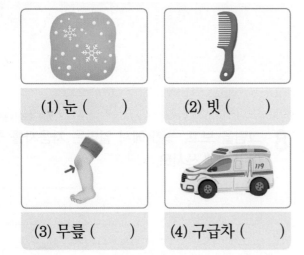

(1) 눈 (　　　) 　(2) 빗 (　　　)

(3) 무릎 (　　　) 　(4) 구급차 (　　　)

📖 교과서 문제

3 ㉢과 ㉣에 들어갈 알맞은 받침을 찾아 선으로 이으시오.

(1) ㉢ •　　　• ① ㅊ

(2) ㉣ •　　　• ② ㅅ

📖 교과서 문제

4 그림에 어울리는 낱말이 되도록 ㉤에 들어갈 받침을 **보기**에서 골라 ○표를 하시오.

보기
| ㅅ | ㅈ | ㅊ |

2 그림을 보고 ㉡에 들어갈 알맞은 받침을 쓰시오.

(　　　　　　)

소단원 2

바른 자세로 발표하기

정답과 해설 ● 8쪽

● 발표할 때의 바른 자세 살펴보기

교과서 **핵심**

● 바른 자세로 발표하는 친구들 찾아 보기

→ 친구 ❷는 허리를 곧게 세우고 듣는 사람을 바라보며 발표하고 있습니다. 또 손은 자연스럽게 내리고, 다리는 편안하게 어깨너비만큼 벌리고 서서 발표하고 있습니다.

📖 교과서 문제

1 ❶~❸ 가운데 바른 자세로 발표하는 친구를 찾아 번호를 쓰시오.

(   )

3 ❶번 친구의 자세에 대해 바르게 말한 것을 골라 ○표를 하시오.

(1) 두 손을 모으고 있어. (   )

(2) 허리를 구부리고 있어. (   )

(3) 딴 곳을 바라보고 있어. (   )

핵심

2 문제 1번에서 답한 친구의 발표하는 자세가 아닌 것은 무엇입니까? (   )

① 허리를 곧게 세우고 있다.

② 듣는 사람을 바라보고 있다.

③ 손을 자연스럽게 내리고 있다.

④ 고개를 숙여 바닥을 보고 있다.

⑤ 다리를 편안하게 어깨너비만큼 벌리고 서 있다.

서술형 역량

4 발표할 때의 바른 자세를 생각하며 ❸번 친구에게 조언할 말을 쓰시오.

_____

_____

● 자기소개할 내용을 정리하여 친구들 앞에서 바른 자세로 발표해 보기

이름	김민수	
좋아하는 음식	불고기	
잘하는 것	태권도	

눈은 듣는 사람을 바라봅니다.

알맞은 크기의 목소리로 또박또박 말합니다.

손을 자연스럽게 내립니다.

허리를 곧게 세웁니다.

다리를 어깨너비만큼 자연스럽게 벌립니다.

교과서 핵심

● 바른 자세로 발표하는 방법
· 듣는 사람을 바라봅니다.
· 손을 자연스럽게 내립니다.
· 허리를 곧게 세웁니다.
· 다리를 어깨너비만큼 자연스럽게 벌립니다.
· 알맞은 크기의 목소리로 또박또박 말합니다.

📖 교과서 문제

5 친구들 앞에서 자기소개할 내용을 정리하여 쓰시오.

(1) 이름	
(2) 좋아하는 음식	
(3) 잘하는 것	

6 친구들에게 자기소개를 하기 위해 정리할 내용으로 알맞지 <u>않은</u> 것은 무엇입니까? (   )
① 잘하는 것
② 오늘 날씨
③ 자신의 이름
④ 좋아하는 음식
⑤ 싫어하는 음식

핵심

7 다음 중 바른 자세로 자기소개를 한 친구의 이름을 쓰시오.

예진: 팔짱을 낀 채로 말했다.
가현: 친구들을 바라보며 말했다.
민석: 작은 목소리로 빠르게 말했다.

(   )

● 다른 사람의 말을 집중해 들을 때의 바른 자세 알아보기

교과서 핵심

● 선생님께서 들려주시는 이야기를 바른 자세로 집중해 듣기

📖 교과서 문제

1 그림을 보고 ㉠에 들어갈 알맞은 내용을 보기 에서 골라 번호를 쓰시오.

보기
① 손은 말하는 사람을 가리킨다.
② 손은 허벅지나 책상 위에 자연스럽게 놓는다.

(   )

핵심

2 선생님께서 들려주시는 이야기를 들을 때의 바른 자세가 아닌 것은 무엇입니까? (   )

① 선생님을 바라본다.
② 다리를 가지런히 한다.
③ 책상에 기대어 앉는다.
④ 손을 책상 위에 자연스럽게 놓는다.
⑤ 들려주시는 이야기의 내용을 귀 기울여 듣는다.

서술형

3 선생님께서 들려주시는 이야기를 바른 자세로 집중해서 들으면 좋은 점은 무엇일지 생각하여 쓰시오.

_____

_____

역량

4 다음 상황에서 다른 사람의 이야기를 바른 자세로 듣고 있는 친구의 이름을 쓰시오.

교실에서 한 친구가 앞에 나와 이야기하고 있고 다른 친구들은 이야기를 듣고 있는 상황

• 창밖을 보는 은호
• 책상에 엎드려 듣고 있는 주현
• 뒤에 앉은 친구와 이야기하는 시우
• 말하는 사람을 바라보며 허리를 등받이에 붙이고 손과 발을 가지런히 한 규리

(   )

● 받침이 있는 낱말 찾기

ㄱ감　　ㄴ해

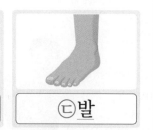

ㄷ발

● 받침을 넣어 글자를 만들어 읽어 보기

ㄱ　각　낙　닥

ㄹ　알　ㄹ　ㅁ

● 보기 의 받침을 넣어 글자를 만들고 읽어 보기

보기

ㄴ　ㄹ　ㅁ　ㅂ　ㅅ　ㅇ　ㅊ　ㅌ

달　　말　　바

바　　벌　　집

빗　　파　　김

1 ㄱ~ㄷ 가운데 받침이 있는 낱말을 두 가지 골라 기호를 쓰시오.

(　　　　　　　)

2 다음 글자에 받침 'ㄹ'을 넣어 ㄹ, ㅁ에 들어갈 글자를 각각 쓰시오.

(1) 자 ──── ㄹ ◯

(2) 카 ──── ㅁ ◯

3 다음 그림에 알맞은 낱말을 찾아 선으로 이으시오.

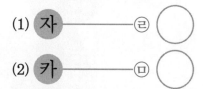

(1) • ① 밤

(2) • ② 방

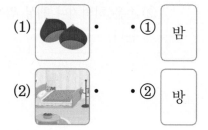

4 보기 에서 알맞은 받침을 골라 넣어 다음 그림에 어울리는 낱말을 쓰시오.

(　　　　　　　)

● 받침이 있는 글자 읽어 보기

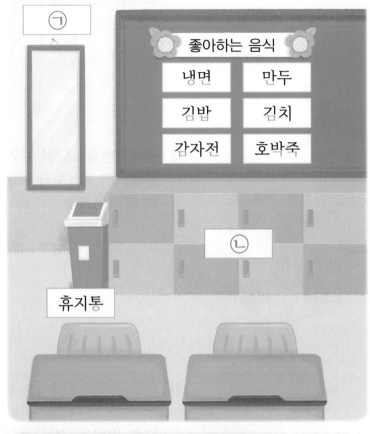

냉면 | 만두
김밥 | 김치
감자전 | 호박죽

좋아하는 음식

ㄱ

ㄴ

휴지통

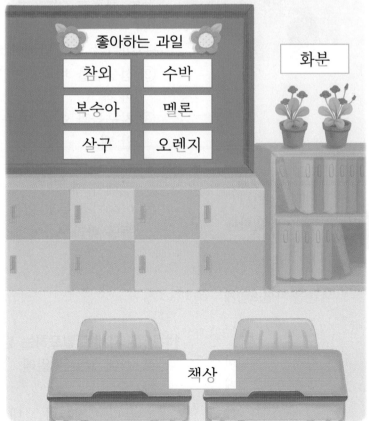

좋아하는 과일

참외 | 수박
복숭아 | 멜론
살구 | 오렌지

화분

책상

5 다음 낱말에 있는 받침을 두 가지 고르시오. (,)

냉면

① ㄱ　　　　② ㄴ
③ ㅁ　　　　④ ㅂ
⑤ ㅇ

6 그림을 보고, 받침에 주의하며 ㉠에 들어갈 낱말을 완성하시오.

거 [ ]

7 다음 그림을 보고, ㉡에 들어갈 낱말을 바르게 쓴 것을 골라 ○표를 하시오.

(1) 사물합　　　　( )
(2) 사물함　　　　( )

● 바른 자세로 발표하는 그림을 골라 ○표 해 보기

● 바른 자세로 발표하는 방법 알아보기

눈은 듣는 사람을 바라본다.

알맞은 크기의 목소리로 또박또박 말한다.

허리는 곧게 세운다.

손을 자연스럽게 (ㄹ).

다리는 어깨너비만큼 자연스럽게 벌린다.

8 ㉠, ㉡ 가운데 바르지 <u>않은</u> 자세로 발표하는 그림을 골라 기호를 쓰시오.

(   )

9 문제 8번에서 답한 친구가 바른 자세로 발표하기 위해 고쳐야 할 점은 무엇인지 쓰시오.

_____

_____

10 바른 자세로 발표하는 방법을 생각하며 ㉢의 친구에게 해 줄 말로 알맞은 것은 무엇입니까? (   )
① 바닥을 보고 말해야 해.
② 선생님을 바라보며 말해야 해.
③ 친구들과 눈을 마주치면 안 돼.
④ 고개를 이리지리 돌리며 말해야 해.
⑤ 이야기를 듣고 있는 친구들을 바라보아야 해.

11 바른 자세로 발표하는 방법으로 ㉢에 알맞은 말에 ○표를 하시오.

(흔든다,   잡는다,   내린다)

● 다른 사람의 말을 잘 듣고 있는 그림을 골라 ○표 해 보기

● 그림을 보고 듣기 자세가 바른 친구 찾아보기

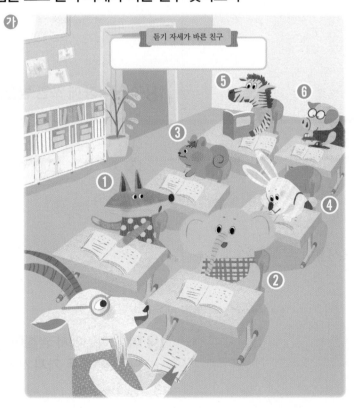

12 ㉠~㉂ 가운데 다른 사람의 말을 잘 듣고 있는 그림을 세 가지 골라 기호를 쓰시오.

(, ,)

13 그림 ㉮에서 듣기 자세가 바른 친구를 찾아 번호를 쓰시오.

( )

14 문제 13번에서 답한 친구는 어떤 자세로 선생님의 말씀을 듣고 있습니까? ( )

① 책을 들고 있다.
② 글씨를 쓰고 있다.
③ 선생님을 바라보고 있다.
④ 친구와 이야기를 하고 있다.
⑤ 선생님이 아닌 다른 곳을 보고 있다.

15 그림 ㉮에서 얼룩말이 고쳐야 할 점이 무엇인지 쓰시오.

_____

_____

가나다 글자 놀이

이상교

가랑가랑 가랑비가 가만가만 내려요.
<u>가늘게 내리는 비. 이슬비보다는 좀 굵다.</u>
나비 나비 노랑나비가 나풀나풀 나들이 가요.

다닥다닥 다슬기

다닥다닥 대추
<u>자그마한 것들이 한곳에 많이 붙어 있는 모양.</u>
5 라디오에서 노래가 나와요.

라랄라, 따라 불러요.

마을 집집마다 마늘밭

만들만들 커 가는 마늘

바둑점 콩콩 바둑이

10 바동바동 쫓아오는 바둑이

사과나무에 사과가 주렁주렁

사다리 타고 똑똑 따요.

아장아장 아가야, 아빠 손 잡고 어디 가니?

자전거가 자갈길을 달려요.

15 자자글자자글 소리가 나요.

차가 달려요.

큰 차, 작은 차 줄지어 달려요.

카멜레온을 찰칵찰칵 찍어요.

카메라로 찰칵찰칵 찍어요.

20 타닥타닥 마른 나뭇잎을 태워요.

타는 소리가 귀에 솔솔.

타는 냄새가 코에 흠흠.

파르르 찬 바람이 나뭇가지를 흔들어요.
<u>가볍게 조금 떠는 소리. 또는 그 모양.</u>
파릇파릇 새싹 돋아날 봄을 기다려요.

25 하얀 눈이 하늘하늘 내려요.

하얀 얼굴, 하얀 몸통 하얀 눈사람을 만들어요.

---

16 이 이야기를 읽고 빈칸에 알맞은 받침이 있는 낱말을 차례대로 찾아 쓰시오.

				가랑비가
				내려요.

(   )

17 이 이야기에서 노래가 나오는 곳은 어디라고 하였습니까?

(   )

① 차   ② 라디오
③ 자전거   ④ 자갈길
⑤ 카메라

18 '아장아장'에 쓰인 받침은 무엇입니까?   (   )

① ㄱ   ② ㄴ
③ ㅁ   ④ ㅇ
⑤ ㅈ

19 이 이야기에서 받침이 있는 낱말을 찾아 두 가지 쓰시오.

(   )

실천

● 그림에 알맞은 받침이 있는 글자를 만들면서 미로를 빠져나가 보물 찾아보기

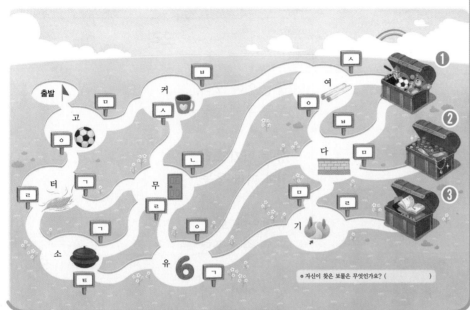

교과서 핵심

● 그림에 맞게 받침이 있는 글자 만들기 예

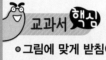

📖 교과서 문제

1 다음 그림에 알맞은 글자를 완성할 수 있는 받침을 보기 에서 골라 쓰시오.

> **보기**
>
> ㅇ   ㅁ

⚽ 고

핵심

3 그림의 미로를 빠져나갈 수 있는 알맞은 낱말이 아닌 것을 찾아 번호를 쓰시오.

(1)		솥
(2)	**6**	육
(3)		길
(4)		컷

(   )

📖 교과서 문제

2 그림에 알맞은 글자를 만들려면 어떤 받침이 필요한지 골라 선으로 이으시오.

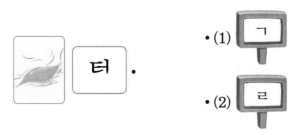

터 .

• (1) ㄱ

• (2) ㄹ

📖 교과서 문제

4 그림 ❶~❸ 가운데 미로를 바르게 빠져나가면 찾을 수 있는 물건의 번호를 쓰시오.

(   )

실천

📖 교과서 문제

5 보기 에 있는 자음자를 넣어 그림에 알맞은 낱말을 완성하시오.

보기
ㄴ   ㄹ   ㅁ   ㅇ

(1) 기 리

(2) 다 리 기

(3) 보 르 달

(4) 자 도 차

📖 교과서 문제

6 그림을 보고 빈칸에 각각 알맞은 받침을 쓰시오.

(1) 이 부

(2) 구 르

7~9

오리

권태응

둥둥 엄마 오리,
못물 위에 둥둥.

동동 아기 오리,
엄마 따라 동동.

풍덩 엄마 오리,
못물 속에 풍덩.

퐁당 아기 오리,
엄마 따라 퐁당.

7 다음 낱말들에 <u>모두</u> 쓰인 받침은 무엇입니까?   (   )

둥둥   동동   풍덩   퐁당

① ㄷ   ② ㅁ
③ ㅅ   ④ ㅇ
⑤ ㅍ

8 이 시에 나온 낱말 가운데 받침이 없는 것을 <u>두 가지</u> 고르시오.   (,   )
① 속   ② 엄마
③ 아기   ④ 못물
⑤ 오리

서술형

9 이 시를 받침에 주의하며 소리 내어 읽고 떠오르는 생각이나 느낌을 쓰시오.

_____

_____

중요

1 다음 빈칸에 알맞은 말을 쓰시오.

> '자'에 'ㅁ'을 붙이면 '잠'이 됩니다. '잠' 의 'ㅁ'과 같이 글자 아래쪽에 있는 자음자를 (   )(이)라고 합니다.

2 다음 글자의 받침은 무엇입니까?   (   )

콩   ① ㅋ   ② ㄴ   ③ ㅇ
     ④ ㅁ   ⑤ ㅎ

3 다음 그림에서 ①번 친구가 고쳐야 할 점을 알맞게 말한 것은 무엇입니까?   (   )

① 턱을 괴고 앉아야 한다.
② 다른 책을 보고 있어야 한다.
③ 들은 이야기를 친구에게 전해 주어야 한다.
④ 엎드리지 말고 바르게 앉아서 들어야 한다.
⑤ 말하는 사람을 똑바로 쳐다보지 말아야 한다.

4 다음 빈칸에 알맞은 받침을 넣어 그림에 어울리는 낱말을 완성하시오.

   무

5 그림에 어울리는 낱말을 찾아 선으로 이으시오.

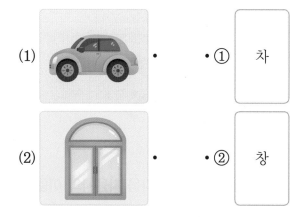

(1) ●   ● ① 차

(2) ●   ● ② 창

6 ㉠과 ㉡ 가운데 받침이 있는 낱말을 찾아 기호를 쓰시오.

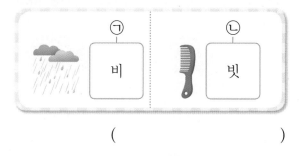

㉠ 비   ㉡ 빗

(   )

중요

7 다음 빈칸에 들어갈 받침으로 알맞은 것은 무엇입니까?   (   )

   무

① ㄱ   ② ㄴ
③ ㄹ   ④ ㅁ
⑤ ㅇ

8 국어 활동

보기 에서 그림에 어울리는 글자를 만들 수 있는 알맞은 받침을 골라 쓰시오.

보기

| ㅁ | ㅅ | ㅊ |

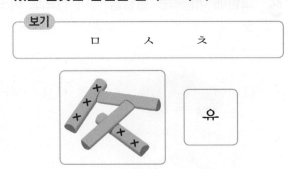

유

9 받침을 생각하며 다음 자음자의 이름을 쓰시오.

ㅋ

10 받침을 잘못 쓴 낱말을 찾아 ○표를 하시오.

| (1) 솥 | (2) 팥죽 |
| (3) 놓다 | (4) 파랐다 |

11 중요

다음 두 글자에 공통으로 들어갈 받침을 쓰시오.

| 저 | 가락 | 부 |

12 서술형

다음 그림에서 바른 자세로 발표하는 친구를 찾아 번호를 쓰고, 그렇게 생각한 까닭을 쓰시오.

(1) 바른 자세로 발표하는 친구: (   )

(2) 그렇게 생각한 까닭:

_____

_____

13 친구들 앞에서 자기소개할 내용으로 가장 알맞은 것을 찾아 ○표를 하시오.

(1) 내 이름은 김민수야.   (   )

(2) 내 동생은 태권도를 잘해.   (   )

(3) 우리 엄마는 불고기를 좋아해. (   )

14 실력 UP

다음 중 바른 자세로 발표하는 방법이 아닌 것은 무엇입니까?   (   )

① 허리를 곧게 세운다.

② 듣는 사람을 바라본다.

③ 손을 자연스럽게 내린다.

④ 가장 큰 목소리로 쉬지 않고 말한다.

⑤ 다리는 어깨너비만큼 자연스럽게 벌린다.

국어 활동

15 바른 자세로 발표하는 그림을 골라 ○표를 하시오.

저는 초록색을 좋아합니다.

저는 초록색을 좋아합니다.

(1) (   )   (2) (   )

중요

16 다른 사람의 말을 듣는 자세가 바르지 못한 친구는 누구인지 쓰시오.

> 민준: 다리를 꼬고 앉았다.
> 예안: 허리를 등받이에 붙이고 앉았다.
> 준서: 손을 책상 위에 자연스럽게 놓았다.

(   )

서술형

17 그림을 보고 다른 사람의 말을 집중해 들을 때의 바른 자세는 어떤 것인지 쓰시오.

_____

_____

18 그림을 보고 빈칸에 들어갈 받침으로 알맞은 것을 찾아 선으로 이으시오.

커 ▢

• ㉠   ㅂ

• ㉡   ㅅ

19 글자의 받침이 잘못된 것은 무엇입니까?

(   )

① 기린   ② 구름

③ 달리기   ④ 보른달

⑤ 자동차

20 'ㅅ' 받침이 쓰인 낱말은 무엇입니까? (   )

① 둥둥   ② 오리

③ 엄마   ④ 퐁당

⑤ 못물

● 글씨를 바르게 써 보시오.

집	무	릎
집	무	릎
집	무	릎

낙	타
낙	타
낙	타

팥	죽
팥	죽
팥	죽

윷
윷
윷

불	고	기
불	고	기
불	고	기

태	권	도
태	권	도
태	권	도

3

낱말과
친해져요

무엇을 배울까요?

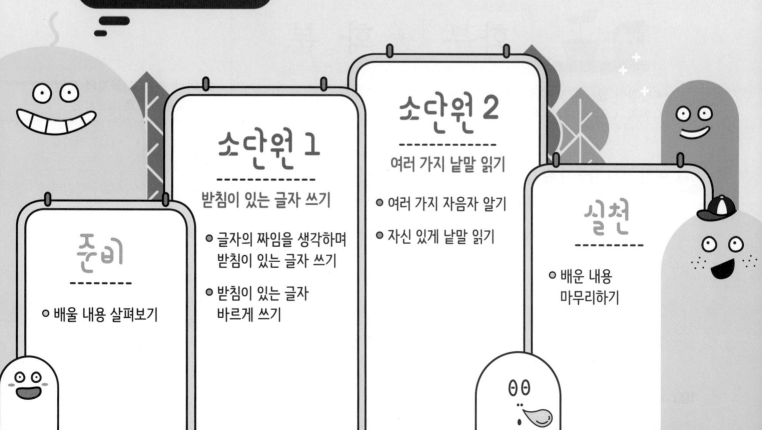

소단원 1

받침이 있는 글자 쓰기

- 글자의 짜임을 생각하며
  받침이 있는 글자 쓰기
- 받침이 있는 글자
  바르게 쓰기

소단원 2

여러 가지 낱말 읽기

- 여러 가지 자음자 알기
- 자신 있게 낱말 읽기

실천

- 배운 내용
  마무리하기

준비

- 배울 내용 살펴보기

1 받침이 있는 글자를 정확히 써야 하는 까닭

받침이 있는 글자를 정확히 써야 무엇을 표현하는지 확실히 알 수 있고, 자신의 생각을 정확하게 나타낼 수 있습니다.

2 글자의 짜임을 생각하며 받침이 있는 글자 쓰기

① 받침이 있는 글자의 짜임을 확인하고 글자를 씁니다.
② 받침에는 여러 가지 자음자를 사용할 수 있습니다.
③ 자음자와 모음자를 이용해 다양한 받침이 있는 글자를 만듭니다.

3 받침이 있는 글자 바르게 쓰기

① 그림을 보고 뜻을 짐작해 어울리는 낱말을 생각합니다.
② 받침이 있는 글자의 짜임을 생각해 알맞은 자음자를 넣어 낱말을 완성합니다.
③ 낱말을 바르게 쓴 뒤에는 소리 내어 읽어 보고 그 뜻을 다시 확인합니다.

| 화 | 부 | → | 화 | 분 |

➡ 받침이 있는 글자에서 받침은 글자의 아래쪽에 붙습니다. 따라서 '부'에 받침 'ㄴ'을 붙여 '분'을 쓸 수 있습니다.

4 여러 가지 자음자 알기

여러 가지 자음자를 익히면 다양한 대상이나 소리를 글자로 표현할 수 있습니다.

① 여러 가지 자음자의 모양과 이름, 소리를 알아봅니다.

쌍기역	쌍디귿	쌍비읍	쌍시옷	쌍지읒
ㄲ	ㄸ	ㅃ	ㅆ	ㅉ

② 자음자 'ㄱ, ㄷ, ㅂ, ㅅ, ㅈ'과 'ㄲ, ㄸ, ㅃ, ㅆ, ㅉ'을 읽을 때 나는 소리가 어떻게 다른지 생각해 봅니다.

---

1 받침이 있는 글자를 정확히 써야 무엇을 표현하는지 확실히 알 수 있습니다.

(○ , ×)

2 글자 '달'에서 받침 글자는 자음자 '☐'입니다.

3 다음 문장에서 알맞은 낱말을 찾아 ○표를 하시오.

> 받침이 있는 글자에서 받침은 글자의 (위쪽, 아래쪽)에 붙습니다.

4 여러 가지 자음자의 모양과 이름을 선으로 이으시오.

(1) ㄲ • • ① 쌍지읒

(2) ㄸ • • ② 쌍기역

(3) ㅃ • • ③ 쌍디귿

(4) ㅆ • • ④ 쌍비읍

(5) ㅉ • • ⑤ 쌍시옷

준비

● 토순이가 겪은 일 살펴보기

> 엄마는 무슨 과일을 좋아해요?

> 수박과 청포도를 좋아해.

수바 처포도

• **그림 설명**: 토순이는 엄마가 좋아하는 과일의 이름을 글자로 썼는데, 받침을 정확하게 쓰지 않아 토순이의 엄마가 당황한 상황입니다.

● 토순이 엄마가 한 말과 토순이가 쓴 글자가 어떻게 다른지 말해 보기

> 토순이는 엄마가 말씀하신 글자의 받침을 정확하게 쓰지 않았어.

> 받침이 있는 글자는 받침을 정확히 써야 무엇을 표현하는지 확실히 알 수 있어.

교과서 핵심

◦ 토순이 엄마가 한 말과 토순이가 쓴 글자의 다른 점

토순이 엄마가 한 말	토순이가 쓴 글자
수박	수바
청포도	처포도

• 토순이가 쓴 글자는 받침이 없습니다.
• 토순이가 쓴 글자는 그 뜻이 무엇인지 정확히 알 수 없습니다.

📖 교과서 문제

1 토순이 엄마가 좋아하는 과일을 두 가지 고르시오. (,)

① 사과　　　　② 수박
③ 청포도　　　④ 바나나
⑤ 파인애플

📖 교과서 문제

2 토순이 엄마가 한 말과 토순이가 쓴 글자의 다른 점은 무엇입니까? ( )

① 글자 수가 다르다.
② 토순이가 쓴 글자는 받침이 없다.
③ 글자를 시작하는 자음자가 다르다.
④ 토순이 엄마가 말한 글자는 무슨 뜻인지 알 수 없다.
⑤ 토순이 엄마가 말한 글자는 받침이 없는데 토순이가 쓴 글자는 받침이 있다.

3 토순이 엄마가 좋아하는 과일의 이름을 정확하게 쓰시오.

(1)  (2)

핵심

4 받침이 있는 글자를 정확하게 써야 하는 까닭은 무엇입니까? ( )

① 글자를 빨리 쓸 수 있어서
② 모든 글자에는 받침이 있어서
③ 글을 실감 나게 읽을 수 있어서
④ 받침을 써야 글자 모양이 예뻐서
⑤ 무엇을 표현하는지 확실히 알 수 있어서

● 풍선 안의 자음자와 모음자를 골라 보기 와 같이 그림에 알맞은 글자를 만들어 보기

● 보기 와 같이 받침이 있는 글자를 넣어 낱말을 완성해 보기

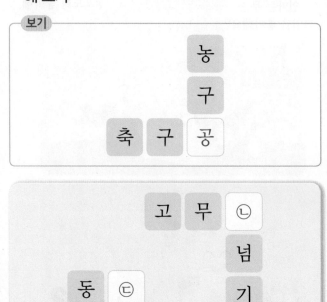

📖 교과서 문제

1 ㉠에 들어갈 알맞은 글자는 무엇입니까?
( )

① 얌   ② 약
③ 양   ④ 얍
⑤ 얄

핵심

2 다음 글자에 대한 설명으로 알맞지 <u>않은</u> 것은 무엇입니까? ( )

① 모음자 'ㅜ'가 쓰였다.
② 자음자 'ㅂ'과 'ㄱ'이 쓰였다.
③ '북'의 'ㅂ'을 받침이라고 한다.
④ '부'에 'ㄱ'을 붙이면 '북'이 된다.
⑤ 글자 아래쪽에 있는 자음자를 받침이라고 한다.

📖 교과서 문제

3 ㉡과 ㉢에 들어갈 글자가 알맞게 짝 지어진 것은 무엇입니까? ( )

	㉡	㉢
①	선	공
②	물	줄
③	죽	묵
④	줄	물
⑤	준	뭇

4 빈칸에 받침이 있는 글자를 넣어 낱말을 완성하시오.

(1) 색   (2) 운   화
    연   화
      통   책

다리

최승호

다리를 놓자
다리를 놓자
다람쥐가 ♥개울 건너가게
다리를 놓자
다리 돌다리 ♥징검다리
　　돌로 만든 다리

애들아 고마워
다람쥐가 다리 위에서 인사하네

• 글의 내용: 다람쥐가 개울을 건너갈 수 있도록 다리를 놓자는 내용의 시로, 다람쥐를 도와주려는 착한 마음과 다리를 놓아 준 것을 고마워하는 다람쥐의 마음을 모두 느낄 수 있습니다.

♥개울 골짜기나 들에 흐르는 작은 물줄기.
♥징검다리 개울이나 물이 괸 곳에 돌이나 흙더미를 드문드문 놓아 만든 다리.

교과서 핵심

● 「다리」에서 받침이 있는 글자 바르게 쓰기

다람쥐	다 람 쥐
개울	개 울
돌다리	돌 다 리
징검다리	징 검 다 리

---

5 이 시에서 '다리를 놓자'라고 한 까닭은 무엇입니까? 　　　　　　(　)

① 개울 건너편에서 놀고 싶어서
② 다리에서 다람쥐를 만나고 싶어서
③ 다람쥐가 개울을 건너가게 하려고
④ 개울을 건너가는 사람들이 많아서
⑤ 징검다리를 건너는 것이 재미있어서

6 이 시에서 느껴지는 다람쥐의 마음으로 알맞은 것은 무엇입니까? 　　　　(　)

① 아이들을 만나서 반갑다.
② 다리를 놓아 주어 고맙다.
③ 개울에서 함께 놀아 기쁘다.
④ 다리가 많아져서 안심이 된다.
⑤ 징검다리를 건너는 것이 재미있다.

핵심

7 이 시에 나온 낱말 가운데 받침이 있는 것을 두 가지 고르시오. 　　(　 , 　)

① 다리　　　　　② 놓자
③ 다람쥐　　　　④ 고마워
⑤ 위에서

8 자신이 좋아하거나 주변에 있는 것 가운데 받침이 있는 낱말을 찾아 한 가지 쓰시오.

(　　　　　　　　　)

서술형 **역량**

9 다른 사람을 도와주었거나 도움을 받았던 경험과 그때의 기분을 함께 쓰시오.

_____

_____

소단원 1 〉 받침이 있는 글자 바르게 쓰기

● 받침을 넣어 낱말을 완성해 보기

• 그림 설명: 받침을 넣어 그림에 알맞은 낱말을 완성할 수 있습니다.

🐌 교과서 핵심

● 받침이 있는 글자 바르게 쓰기

	구	름
	바	람
	책	
	물	통
	연	필
	안	경
	친	구

1 ㉠~㉦ 가운데 'ㄹ' 받침이 들어가는 낱말을 두 가지 찾아 기호를 쓰시오.

( )

3 ㉣에 필요한 받침이 들어간 낱말이 아닌 것은 무엇입니까? ( )

① 학교　　　　② 국어
③ 동전　　　　④ 약속
⑤ 색연필

📖 교과서 문제

4 보기 에서 알맞은 받침을 찾아 ㉧과 ㉦의 낱말을 완성하시오.

보기
ㄴ　ㄹ　ㅁ　ㅂ　ㅇ

(1) ㉧: 아 | 겨

(2) ㉦: 치 | 구

핵심

2 ㉠과 ㉡에 모두 필요한 받침은 무엇입니까? ( )

① ㄱ　　　　② ㄴ
③ ㄹ　　　　④ ㅁ
⑤ ㅇ

5 다음 자음자 가운데 두 개를 받침으로 쓰는 글자를 교실에서 찾아 <u>한 가지</u> 쓰시오.

( )

8 바르게 쓴 낱말이 <u>아닌</u> 것은 무엇입니까?

( )

① 신발 ② 치약
③ 약국 ④ 장난감
⑤ 실내화

📖 교과서 문제

6 받침이 있는 낱말을 바르게 고쳐 쓰시오.

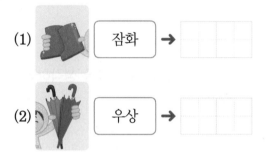

(1) 잠화 →

(2) 우상 →

핵심

9 [보기]와 같이 빨간색으로 쓴 글자를 바르게 고쳐 쓰시오.

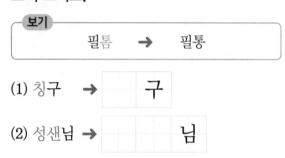

보기

필톰 → 필통

(1) 칭구 → [ ][구]

(2) 성샌님 → [ ][님]

📖 교과서 문제

7 그림을 보고 받침이 있는 낱말을 완성해 쓰시오.

(1) 화부 →

(2) 거우 →

📖 교과서 문제

10 바르게 쓴 낱말을 고르며 길을 찾아가 보시오.

소단원 2 〈 여러 가지 자음자 알기

교과서 문제

1 다음 그림에서 찾을 수 <u>없는</u> 자음자는 무엇입니까? ( )

① ㄲ ② ㄸ ③ ㅃ
④ ㅆ ⑤ ㅊ

핵심

2 다음 그림이 나타내는 낱말을 읽을 때 나는 자음자 소리를 찾아 선으로 이으시오.

(1) 꿀 • • ① ㄱ

(2) 꿀 • • ② ㄲ

(3) 빵 • • ③ ㅂ

(4) 빵 • • ④ ㅃ

3 그림을 보고 알맞은 자음자를 보기 에서 찾아 쓰시오.

보기
ㅃ ㄸ ㄲ

(1) 코 ㅣ 리

(2) ㅎ 콩

(3) 아 ㅏ

4 'ㅃ'이 들어가는 동물 이름을 생각하여 한 가지 쓰시오.

( )

5 'ㄸ'이 들어가는 낱말이 <u>아닌</u> 것은 무엇입니까? ( )

① 딸기 ② 꿀떡
③ 빨래 ④ 뜀틀
⑤ 뜨개질

 교과서 핵심

● 여러 가지 자음자 알기

이름	모양	낱말 예
쌍기역	ㄲ	꽃
쌍디귿	ㄸ	딸기
쌍비읍	ㅃ	빨래
쌍시옷	ㅆ	쌀
쌍지읒	ㅉ	찌개

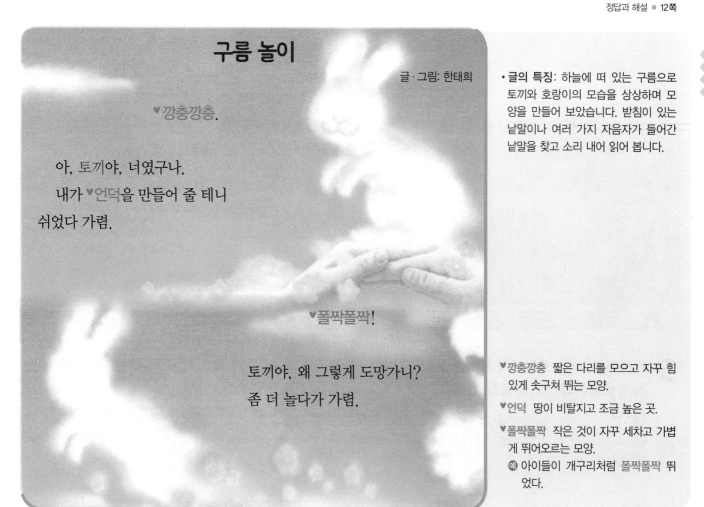

구름 놀이

글·그림: 한태희

♥깡충깡충.

아, 토끼야, 너였구나.
내가 ♥언덕을 만들어 줄 테니
쉬었다 가렴.

♥폴짝폴짝!

토끼야, 왜 그렇게 도망가니?
좀 더 놀다가 가렴.

• 글의 특징: 하늘에 떠 있는 구름으로 토끼와 호랑이의 모습을 상상하며 모양을 만들어 보았습니다. 받침이 있는 낱말이나 여러 가지 자음자가 들어간 낱말을 찾고 소리 내어 읽어 봅니다.

♥깡충깡충 짧은 다리를 모으고 자꾸 힘 있게 솟구쳐 뛰는 모양.

♥언덕 땅이 비탈지고 조금 높은 곳.

♥폴짝폴짝 작은 것이 자꾸 세차고 가볍게 뛰어오르는 모양.
예 아이들이 개구리처럼 폴짝폴짝 뛰었다.

1 제목과 그림을 보고 이야기의 내용을 짐작할 때 알맞은 것을 찾아 ○표를 하시오.

(1) 솜으로 동물 모양을 직접 만들어 보는 이야기 같아. ( )

(2) 구름을 보면서 동물 모양을 상상하여 만든 이야기 같아. ( )

2 '나'가 토끼에게 만들어 주겠다고 한 것은 무엇입니까? ( )

① 손 ② 언덕
③ 친구 ④ 하늘
⑤ 호랑이

3 '나'가 토끼에게 부탁한 것은 무엇입니까?
( )

① 어서 도망가라는 것
② 친구가 되어 달라는 것
③ 좀 더 놀다가 가라는 것
④ 폴짝폴짝 뛰어 보라는 것
⑤ 언덕을 만들어 달라는 것

핵심 📖 교과서 문제

4 다음 낱말을 읽고 쓰시오.

(1)

깡	충	깡	충

(2)

폴	짝	폴	짝

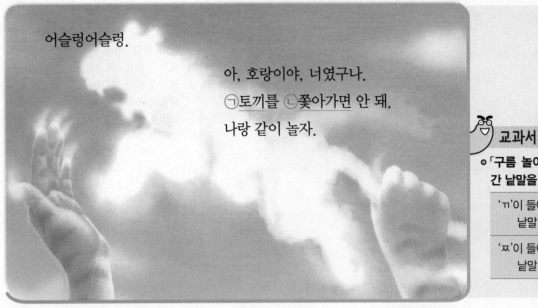

어슬렁어슬렁.

아, 호랑이야, 너였구나.
㉠토끼를 ㉡쫓아가면 안 돼.
나랑 같이 놀자.

교과서 핵심

○「구름 놀이」에서 'ㄲ'과 'ㅉ'이 들어
간 낱말을 찾아 읽어 보기

'ㄲ'이 들어간 낱말	• 깡충깡충 • 토끼
'ㅉ'이 들어간 낱말	• 폴짝폴짝 • 쫓아가면

5 그림에서 '나'는 호랑이가 토끼를 쫓아가지 못
하게 호랑이의 어디를 붙잡았습니까? (   )

① 귀   ② 등
③ 꼬리   ④ 다리
⑤ 머리

핵심

7 ㉠과 ㉡에 들어가는 자음자를 바르게 묶은
것은 무엇입니까?   (   )

	㉠	㉡
①	ㄲ	ㄸ
②	ㄲ	ㅃ
③	ㄲ	ㅉ
④	ㄸ	ㄲ
⑤	ㄸ	ㅉ

📖 교과서 문제

6 구름의 모양에 알맞은 동물 이름을 선으로 이
으시오.

(1)  •

(2)  •

• ① 호랑이

• ② 토끼

서술형   📖 교과서 문제

8 자신이 좋아하는 동물 이름을 쓰고, 그 동물
이 움직이는 모습을 상상하여 써 보시오.

(1) 좋아하는 동물 이름	
(2) 움직이는 모습	

실력 키우기 • 52~55 쪽   소단원 1. 받침이 있는 글자 쓰기

● 그림을 보고 낱말을 따라 써 보기

1 그림 ❶과 ❷에서 볼 수 있는 글자에 쓰이지 <u>않은</u> 받침은 무엇입니까?　　　（　　）

① ㄱ　　　　② ㄴ
③ ㅇ　　　　④ ㅁ
⑤ ㄹ

2 ㉠~㉆ 가운데 다음 자음자를 받침으로 쓴 낱말 두 가지를 찾아 기호를 쓰시오.

┌─────────────────┐
│　　　　ㄹ　　　　│
└─────────────────┘

（　　　　　　　　）

3 ㉡과 받침으로 쓴 자음자가 같은 낱말은 무엇입니까?

　　　　　　　（　　）

① 언덕　　　② 우리
③ 지붕　　　④ 접시
⑤ 달리기

4 ㉢과 ㉆에 공통으로 들어가는 받침이 있는 글자를 찾아 쓰시오.

（　　　　　　　　）

● 받침이 있는 글자를 만들어 보기

❶
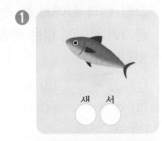
새 서

❷

구 수

❸

다 리 기

❹

시 호 드

❺

조 이 저 기

❻
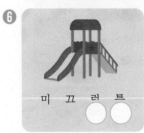
미 끄 럼 트

● 받침이 있는 글자를 바르게 고쳐 써 보기

㉮

ㅈ ㅏ
ㅁ
밧 침
▼
받 침

㉯

찬 문
▼

㉰

신 내 화
▼

㉱

장 남 감
▼

㉲

비 핸 기
▼

㉳

지 팜 이
▼

5 ❶~❻의 그림에 어울리는 낱말을 완성할 때, 받침을 잘못 사용한 것의 번호를 쓰시오.

❶	생선
❷	국수
❸	단리기
❹	신호등
❺	종이접기
❻	미끄럼틀

(   )

6 ❶~❻ 중 다음 자음자를 모두 받침으로 사용하는 낱말 두 가지를 찾아 번호를 쓰시오.

ㄴ ㅇ

(   )

7 ㉮~㉲의 글자를 바르게 고쳐 쓴 것으로 알맞지 않은 것은 무엇입니까? (   )

① 밧침 → 받침
② 찬문 → 창문
③ 신내화 → 실내화
④ 장남감 → 잔난감
⑤ 비핸기 → 비행기

8 ㉳의 글자를 고쳐 쓰기 위해 필요한 자음자는 무엇입니까?
(   )

① ㄱ   ② ㄴ
③ ㅁ   ④ ㅅ
⑤ ㅇ

실력 키우기 • 56~59쪽　소단원 2. 여러 가지 낱말 읽기

● 자음자가 들어 있는 낱말 읽어 보기

ㄱ밭

수도ㄴ지

딱지

떡

빨대

뿌리

쓰레기통

찐빵

● 여러 가지 낱말을 따라 써 보기

까마귀　꼬리　머리띠

뚜껑　이쑤시개

쑥　뻐꾸기　찌개

9 ㉠과 ㉡에 공통으로 들어갈 자음자를 쓰시오.

(　　　　　)

10 다음 낱말에 공통으로 들어간 자음자는 무엇입니까? (　　)

| 빨대 | 찐빵 | 뻐꾸기 |

① ㄱ　　　② ㄹ
③ ㄲ　　　④ ㄸ
⑤ ㅃ

11 'ㄲ, ㄸ, ㅃ, ㅆ, ㅉ'이 들어간 낱말을 찾아 선으로 이으시오.

(1) ㄲ ●　　● ① 딱지

(2) ㄸ ●　　● ② 까마귀

(3) ㅃ ●　　● ③ 뿌리

(4) ㅆ ●　　● ④ 찌개

(5) ㅉ ●　　● ⑤ 쑥

12 다음 낱말을 읽고 쓰시오.

| 이 | 쑤 | 시 | 개 |

📖 교과서 문제

1 그림에 알맞은 자음자를 보기 에서 골라 받침이 있는 낱말을 완성하시오.

보기
ㄱ ㄹ ㅂ ㅇ

(1) 연 ☐ 피

(2) 차 문 ☐

(3) 수 ☐ 바

(4) 저 시 ☐

📖 교과서 문제

2 왼쪽의 자음자가 들어간 낱말을 찾아 선으로 이으시오.

(1) ㄸ •

(2) ㄲ •

(3) ㅉ •

(4) ㅆ •

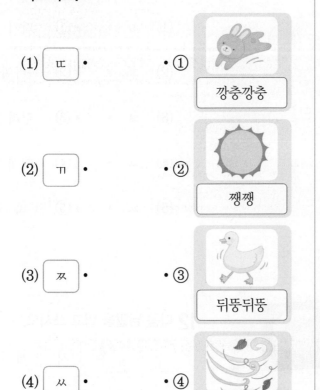

• ① 깡충깡충

• ② 쨍쨍

• ③ 뒤뚱뒤뚱

• ④ 쌩쌩

3~4

📖 교과서 문제

3 상자 안에 있는 글자를 활용해 낱말을 완성해 보시오.

(1) ☐ ☐ 이

(2) 하 ☐ ☐

(3) 여 ☐ ☐

(4) ☐ ☐ 색

4 문제 3번에서 완성한 낱말 가운데 'ㅃ'이 들어간 낱말을 쓰시오.

( )

단원 평가

1~3

1 토순이가 겪은 일은 무엇인지 <u>두 가지</u> 고르시오. (,)

① 엄마와 함께 과일을 사러 갔다.
② 글자의 받침을 제대로 쓰지 않았다.
③ 엄마께 먹고 싶은 과일을 이야기했다.
④ 자기가 먹고 싶은 과일의 이름을 썼다.
⑤ 엄마가 좋아하는 과일이 무엇인지 알게 되었다.

서술형
2 토순이 엄마의 당황한 표정을 볼 때, 글자를 정확하게 써야 하는 까닭은 무엇인지 쓰시오.

_____

_____

3 ❷에서 토순이가 쓴 글자를 바르게 고쳐 쓰시오.

(1) 수 바 →

(2) 처 포 도 →

중요
4 다음 글자에 쓰인 받침은 무엇입니까? ( )

양

① ㄱ ② ㄹ ③ ㅁ ④ ㅂ ⑤ ㅇ

실력 UP

5 다음 자음자와 모음자를 한 번씩 사용하여 그림에 어울리는 글자를 만들어 쓰시오.

자음자	모음자
ㄱ, ㄷ, ㄹ, ㅂ	ㅏ, ㅜ

(1)

(2)

6~7

다리를 놓자
다리를 놓자
다람쥐가 개울 건너가게
다리를 놓자
다리 돌다리 징검다리

애들아 고마워
다람쥐가 다리 위에서 인사하네

6 새로 생긴 다리를 본 다람쥐의 마음으로 알맞은 것은 무엇입니까? ( )

① 미안함 ② 무서움
③ 고마움 ④ 외로움
⑤ 부끄러움

중요
7 이 시에 나온 낱말 가운데 받침이 <u>없는</u> 것은 무엇입니까? ( )

① 다리 ② 개울
③ 다람쥐 ④ 돌다리
⑤ 징검다리

8 중요 받침을 넣어 그림에 알맞은 낱말을 완성하시오.

(1) | 무 | 토 |

(2) | 바 | 라 |

9 서술형 다음 낱말 가운데 바르게 쓰지 않은 것을 찾고, 무엇이 잘못되었는지 쓰시오.

| 장화   우산   운둥화   표범 |

_____

_____

10 그림에서 찾을 수 있는 자음자의 모양과 이름으로 알맞은 것은 무엇입니까? (   )

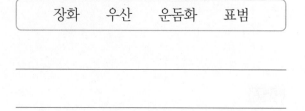

① ㄲ, 쌍기역 ② ㄸ, 쌍디귿
③ ㅃ, 쌍비읍 ④ ㅆ, 쌍시옷
⑤ ㅉ, 쌍지읒

11 그림의 이름에 들어가는 자음자를 찾아 선으로 이으시오.

(1) •   • ① | ㄲ |

(2) •   • ② | ㄸ |

12 파란색으로 쓴 자음자와 같은 소리가 들어 있는 낱말이 <u>아닌</u> 것은 무엇입니까? (   )

| 꽃 |

① 꿈   ② 딸기
③ 까치   ④ 꿀떡
⑤ 깡충깡충

13 국어 활동 보기 의 자음자를 사용하여 낱말을 완성하시오.

| 보기 |
| ㄴ ㄹ ㅁ ㅇ |

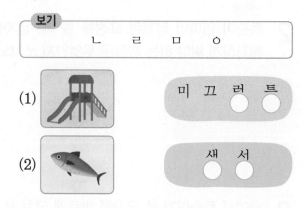

(1) | 미 | 끄 | 러 | | 트 |

(2) | 새 | | 서 |

14 국어 활동 그림을 보고 받침이 있는 글자를 바르게 고쳐 쓰시오.

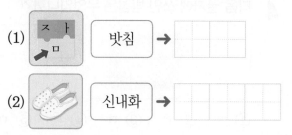

(1) 밧침 →

(2) 신내화 →

15~18

㉠깡충깡충.

아, ㉡토끼야, 너였구나.
내가 언덕을 만들어 줄 테니 쉬었다 가렴.

폴짝폴짝!

토끼야, 왜 그렇게 도망가니?
좀 더 놀다가 가렴.

㉢어슬렁어슬렁.

아, 호랑이야, 너였구나.
토끼를 ㉣쫓아가면 안 돼.
나랑 같이 놀자.

15 이 글에서 '나'는 무엇을 보고 동물 모양을 생각하였습니까? ( )

① 물
② 모래
③ 구름
④ 블록
⑤ 솜사탕

16 '나'는 토끼가 도망간 까닭을 무엇이라고 생각하였습니까? ( )

① 호랑이가 쫓아와서
② 호랑이와 놀고 싶어서
③ 간식을 먹을 시간이어서
④ 내가 토끼를 귀찮게 해서
⑤ 언덕이 마음에 들지 않아서

중요

17 ㉠~㉣ 가운데 'ㄲ'의 소리에 주의해서 읽어야 하는 낱말을 모두 찾아 기호를 쓰시오.

( )

실력 UP

18 이 글에서 보기 의 설명에 해당하는 낱말은 무엇입니까? ( )

보기
• 자음자 'ㅉ'에 주의하며 읽어야 합니다.
• 받침으로 자음자 'ㄱ'과 'ㄹ'이 들어갑니다.

① 토끼
② 호랑이
③ 깡충깡충
④ 폴짝폴짝
⑤ 쫓아가면

19 그림에 알맞은 받침이 있는 낱말을 완성하기 위해 필요한 자음자는 무엇입니까? ( )

| 연 | 피 |

① ㄱ
② ㄴ
③ ㄹ
④ ㅁ
⑤ ㅇ

20 보기 의 글자가 들어간 낱말이 아닌 것은 무엇입니까? ( )

보기
색, 름, 빨, 늘, 간, 종

① 하늘
② 여름
③ 씨앗
④ 색종이
⑤ 빨간색

3
단원

● 글씨를 바르게 써 보시오.

농	구	공
농	구	공
농	구	공

언	덕
언	덕
언	덕

빨	래
빨	래
빨	래

폴	짝	폴	짝
폴	짝	폴	짝
폴	짝	폴	짝

뒤	뚱	뒤	뚱
뒤	뚱	뒤	뚱
뒤	뚱	뒤	뚱

역량 디지털·미디어

4 여러 가지 낱말을 익혀요

무엇을 배울까요?

준비
- 배울 내용 살펴보기

소단원 1
나와 가족
- 나와 가족에 관련된 낱말 익히기
- 나와 가족에 관련된 이야기를 듣고 낱말 읽고 쓰기

소단원 2
학교와 이웃
- 학교와 이웃에 관련된 낱말 익히기
- 학교와 이웃에 관련된 이야기를 듣고 낱말 읽고 쓰기

실천
- 배운 내용 마무리하기

 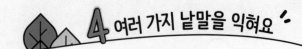

1 낱말을 많이 알면 좋은 점

① 낱말을 많이 알면 내 생각을 더 잘 표현할 수 있습니다.
② 책을 읽을 때 어떤 내용의 이야기인지 더 잘 알 수 있습니다.

2 몸과 관련 있는 낱말 익히기

머리
귀
입
배
손
무릎
발
눈
팔
가슴
다리
종아리

3 가족과 관련 있는 낱말 익히기

할 아 버 지	할 머 니
어 머 니	형	누 나
아 버 지	언 니	동 생

4 그림책 『맛있는 건 맛있어』에 나오는 낱말 익히기

새, 감, 오이, 동생, 엄마, 김치, 아빠, 국수, 할머니, 오빠, 피자, 좋아하다, 길다, 뜨겁다, 맛있다 등 → 음식을 나타내는 낱말, 가족을 나타내는 낱말 등으로 나누어 봅니다.

5 학교와 이웃에 관련된 낱말 익히기

| 학교와 관련 있는 낱말 | 선생님, 칠판, 친구, 연필, 책, 책상, 교실, 의자, 운동장, 미끄럼틀, 시소 등 |
| 이웃과 관련 있는 낱말 | 과일 가게, 서점, 빵집, 도서관, 은행, 소방서 등 |

6 그림책 『학교 가는 길』에 나오는 낱말 익히기

| 주인공이 학교 가는 길에 만난 사람 | 이웃집 아저씨 |
| 주인공이 학교 가는 길에 본 것 | 치과, 꽃집, 가구점, 공원 |

핵심 확인 문제

정답과 해설 ● 15쪽

1 ▢▢을/를 많이 알면 내 생각을 더 잘 표현할 수 있습니다.

2 우리 몸과 관련 있는 낱말에 ○표를 하시오.
(1) 꽃 ( )
(2) 무릎 ( )
(3) 병아리 ( )

3 다음의 뜻을 가진, 가족과 관련 있는 낱말을 쓰시오.

> 아버지나 어머니의 아버지를 부르는 말.

( )

4 '칠판', '책상', '운동장'은 학교와 관련 있는 낱말입니다.
(○ , ×)

5 우리 동네에서 볼 수 있는 것을 떠올려 한 가지 쓰시오.
( )

준비

● 공원에서 겪은 일 살펴보기

❶ 이 꽃들의 이름은 무엇일까?

❷ 이 꽃의 이름은 나팔꽃이야.

저 꽃의 이름은 해바라기야.

아, 그렇구나. 다른 꽃의 이름도 더 알고 싶다.

• **그림 설명**: 남자아이가 꽃과 관련 있는 낱말을 알지 못해 꽃의 이름을 궁금해하자 여자아이가 꽃의 이름을 알려 주는 상황입니다. 그림을 보며 낱말을 많이 알면 좋은 점을 이야기할 수 있습니다.

• **꽃 이름 더 알아보기 예**: 장미, 진달래, 개나리, 백합, 국화, 코스모스, 민들레 등

교과서 핵심

● **낱말을 많이 알면 좋은 점**
• 낱말을 많이 알면 내 생각을 더 잘 표현할 수 있습니다.
• 책을 읽을 때 어떤 내용의 이야기인지 더 잘 알 수 있습니다.

🔖 교과서 문제

1 그림 ❶에서 남자아이가 궁금해한 것은 무엇인지 빈칸에 쓰시오.

• 꽃들의 (　　　　　)

🔖 교과서 문제

2 공원에서 본 꽃과 꽃의 이름을 선으로 이으시오.

 •

• ① 개나리

• ② 해바라기

3 다음 꽃의 이름을 바르게 따라 쓰시오.

 　나　팔　꽃

핵심

4 낱말을 많이 알면 좋은 점이 <u>아닌</u> 것의 기호를 쓰시오.

ㄱ 그림을 잘 그릴 수 있다.
ㄴ 내 생각을 더 잘 표현할 수 있다.
ㄷ 책을 읽을 때 어떤 내용의 이야기인지 더 잘 알 수 있다.

(　　　　　)

소단원 1 〈 나와 가족에 관련된 낱말 익히기

● 그림을 보고 몸과 관련 있는 낱말 말해 보기

머리

귀

입

팔

가슴

㉠

ㄴ

ㄷ

다리

무릎

㉣

발

- **그림 설명**: 몸과 관련 있는 낱말을 알 수 있는 그림입니다.

- 몸과 관련 있는 낱말 더 알아보기 **예**: 눈썹, 어깨, 등, 목 등

교과서 핵심

● 몸과 관련 있는 낱말과 어울리는 낱말

🔴	코	맡 다
👁	눈	보 다
👄	입	먹 다
👂	귀	듣 다
✋	손	만 지 다

📖 교과서 문제

1 ㉠~㉢에 들어갈 낱말을 찾아 선으로 이으시오.

(1) ㉠ •

(2) ㉡ •

(3) ㉢ •

• ① 배

• ② 눈

• ③ 손

3 그림에 알맞은 낱말을 찾아 ○표를 하시오.

(1) 팔 ( )
(2) 발 ( )
(3) 다리 ( )

핵심

4 몸과 관련하여 서로 어울리는 낱말끼리 바르게 연결한 것은 무엇입니까? ( )

① 귀 – 보다
② 눈 – 맡다
③ 입 – 듣다
④ 코 – 말하다
⑤ 손 – 만지다

2 ㉣에 들어갈 낱말을 바르게 쓴 것은 무엇입니까? ( )

① 송아리 ② 종아리
③ 종다리 ④ 종알이
⑤ 쫑아리

가족에 관련된 낱말을 넣어 문장을 더 만들어 봅니다.
ⓔ 형이 노래를 부른다. / 누나가 과자를 먹는다.

● 가족과 관련 있는 낱말 읽고 따라 써 보기

할아버지 할머니

어머니 형 누나

동생

아버지 언니

● 그림에 알맞은 낱말을 따라 쓰고 읽어 보기

나는 할아버지 와 함께 산다 .

동생 이 방을 정리한다 .

🐌 교과서 핵심

❍ 가족과 관련 있는 낱말
   할아버지, 할머니, 어머니, 형, 누나, 아버지, 동생, 언니 등

📖 교과서 문제

5 가족과 관련 있는 낱말이 <u>아닌</u> 것은 무엇입니까?　　　　　(　)

① 형
② 누나
③ 친구
④ 어머니
⑤ 할아버지

6 다음에서 설명하는 낱말을 쓰시오.

> • 두 글자로 된 낱말입니다.
> • 가족과 관련 있는 낱말입니다.
> • 자음자 'ㄷ'이 들어가는 낱말입니다.
> • 나보다 나이가 어린 사람을 나타내는 낱말입니다.

(　　　　　　)

7 다음 그림을 보고, 빈칸에 가족과 관련 있는 알맞은 낱말을 쓰시오.

• 나는 ☐☐☐☐☐ 와/과 함께 산다.

📖 교과서 문제

8 낱말 알아맞히기 놀이를 하고 있습니다. 다음 물음의 답은 무엇입니까?　　(　)

> "얼굴 부분을 가리키는 말 가운데 'ㅋ'이 들어가는 낱말은 무엇일까요?"

① 눈　　　② 귀　　　③ 콩
④ 코　　　⑤ 머리

맛있는 건 맛있어

글: 김양미, 그림: 김효은

새는 감이 맛있나 봐.

아노은 오이를 좋아해.
고양이

내 동생 연우는 뭐든지 다 먹고 싶어 하는데…….

엄마는 배추김치가 맛있대.

난 김치 없인 못 살아.

- **글의 특징**: 음식에 대한 다양한 상상이 그림에 다채롭게 녹아 있으며, 가족들이 좋아하는 음식을 통해 가족과 음식에 관련된 낱말을 익힐 수 있습니다.

교과서 핵심

◉ **이야기에 나온 낱말 익히기 ①**

오 이	동 생	엄 마	김 치

📖 교과서 문제

1 인물과 그 인물이 좋아하는 음식을 선으로 이으시오.

(1) 새 •　　　•① 오이

(2) 고양이 •　　　•② 김치

(3) 엄마 •　　　•③ 감

2 무엇이든 다 먹고 싶어 하는 인물은 누구입니까?　　　　　　　（　　）

① '나'　　　② 아노
③ 연우　　　④ 엄마
⑤ 아빠

3 그림 속 인물이 누구인지 쓰시오.

(1) 　　(2)

핵심

4 이 글에서 가족과 관련된 낱말을 **두 가지** 고르시오.　　　　　（　　,　　）

① 새
② 오이
③ 동생
④ 엄마
⑤ 좋아해

아빠는 뜨거운 설렁탕이 맛있대.

나는 기다란 스파게티가 맛있어.
후루룩 삼키면 몸 안에 길이 생길 것 같아.

국수 먹으면 내 머리도
길어졌으면 좋겠어.

국수 먹으면 오래 살아?
그럼 할머니랑 친구 되는 거야?

오빠가 좋아하는 피자도 맛있어.
크리스마스트리 같아.

교과서 핵심

◦ 이야기에 나온 낱말 익히기 ②

김치가 맛 있 다 .   설렁탕이 뜨 겁 다 .

역량   📖 교과서 문제

5 다음 빈칸에 들어갈 알맞은 말에 ○표를 하시오.

설렁탕이 ⬚⬚⬚⬚ .

(1) 차갑다.   (   )
(2) 뜨겁다.   (   )

6 '나'는 무엇이 맛있다고 했습니까? (   )

① 피자   ② 설렁탕
③ 오이   ④ 배추김치
⑤ 스파게티

7 '나'는 국수를 먹고 어떻게 되었으면 좋겠다고 했습니까?   (   )

① 할머니가 되었으면 좋겠다.
② 몸 안에 길이 생기면 좋겠다.
③ 내 머리도 길어졌으면 좋겠다.
④ 뜨거운 음식을 잘 먹으면 좋겠다.
⑤ 크리스마스트리처럼 되었으면 좋겠다.

서술형

8 자신이 좋아하는 음식이 무엇인지 그 까닭과 함께 쓰시오.

_____

_____

소단원 2 〈 학교와 이웃에 관련된 낱말 익히기

● 그림을 보고 떠오르는 낱말 말해 보기

● 학교와 관련 있는 낱말을 떠올리고 생각그물 완성해 보기

교과서 핵심

● 학교와 관련 있는 낱말 예

교실에서 볼 수 있는 것	칠판, 선생님, 책상, 연필, 친구 등
운동장에서 볼 수 있는 것	미끄럼틀, 시소 등

핵심

1 학교와 관련 있는 낱말로 보기 <u>어려운</u> 것은 무엇입니까? ( )

① 책상　　　　② 칠판
③ 친구　　　　④ 소방차
⑤ 선생님

2 다음에서 설명하는 학교와 관련 있는 낱말을 두 가지 떠올려 쓰시오.

> • 두 글자의 낱말입니다.
> • 자음자 'ㅍ'이 들어갑니다.

( )

📖 교과서 문제

3 생각그물에서 운동장과 관련 있는 낱말 <u>두 가지</u>는 무엇입니까? (,)

① 시소　　　　② 연필
③ 책상　　　　④ 사물함
⑤ 미끄럼틀

4 학교와 관련 있는 낱말 가운데에서 급식실에서 볼 수 있는 것을 <u>한 가지</u> 떠올려 쓰시오.

( )

● 이웃과 관련 있는 그림을 보고 낱말 따라 써 보기

4
단원

• **그림 설명**: 우리 동네에서 볼 수 있는 장소가 나와 있는 그림으로, 이웃과 관련 있는 낱말을 익힐 수 있습니다.

• 이웃과 관련 있는 낱말 더 알아보기 **예**: 분식집, 시장, 생선 가게, 경찰서 등

교과서 핵심

◎ **이웃과 관련 있는 낱말**

	과 일 가 게
	서 점
	빵 집
	도 서 관
	은 행
	소 방 서

---

5 그림에 알맞은 낱말을 찾아 선으로 이으시오.

(1)  • ・① 서점

(2)  • ・② 빵집

(3)  • ・③ 과일 가게

📖 교과서 문제

6 ㉠에 들어갈 낱말을 바르게 쓴 것에 ○표를 하시오.

(1) 소방소 ( )

(2) 소방서 ( )

(3) 서방서 ( )

7 우리 동네에서 볼 수 있는 것 가운데, 다음에서 설명하는 낱말은 무엇입니까? ( )

> 우리가 저금을 하거나 저금한 돈을 찾는 곳입니다.

① 서점 ② 은행
③ 학교 ④ 도서관
⑤ 과일 가게

📖 교과서 문제

8 이 그림에 나온 것 말고, 우리 동네에서 볼 수 있는 것을 떠올려 <u>한 가지</u> 쓰시오.

( )

학교 가는 길

글·그림: 이보나 흐미엘레프스카, 옮김: 이지원

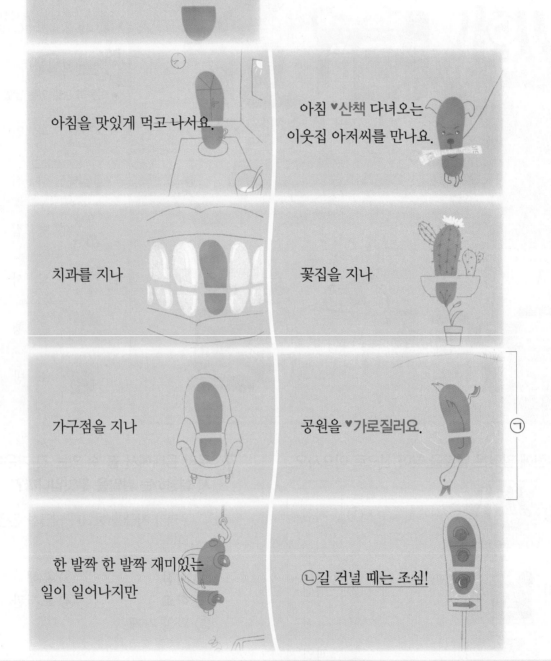

학교에 가려고 집을 나서요.

아침을 맛있게 먹고 나서요.

아침 ♥산책 다녀오는 이웃집 아저씨를 만나요.

치과를 지나

꽃집을 지나

가구점을 지나

공원을 ♥가로질러요. ㉠

한 발짝 한 발짝 재미있는 일이 일어나지만

㉡길 건널 때는 조심!

• 글의 특징: 학교 가는 길에 본 사람과 장소를 다양한 발자국 그림으로 나타내었습니다.

♥산책 휴식을 취하거나 건강을 위해서 천천히 걷는 일.
예 마을 뒷산으로 산책을 나갔다.

♥가로질러요 어떤 곳을 가로 등의 방향으로 질러서 지나요.

교과서 핵심

● 주인공이 학교 가는 길에 본 것

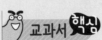	치 과		꽃 집
	가 구 점		공 원

1 이 이야기에는 어떤 그림이 반복해서 나타나고 있는지 ○표를 하시오.

(1) 그림자   (   )

(2) 발자국   (   )

2 주인공은 왜 집을 나섰습니까?   (   )

① 학교에 가려고

② 병원에 가려고

③ 산책을 하려고

④ 아침을 먹으려고

⑤ 친구를 만나려고

🔖 교과서 문제

3 주인공이 만난 사람은 누구입니까?   (   )

① 동생   ② 친구

③ 할머니   ④ 의사 선생님

⑤ 이웃집 아저씨

🔖 교과서 문제

4 주인공이 학교 가는 길에 본 것을 바르게 선으로 이으시오.

(1)   •   •① 가구점

(2)   •   •② 꽃집

(3)   •   •③ 치과

5 ㉠으로 볼 때, 주인공이 공원을 가로지르며 본 것은 무엇이겠는지 쓰시오.

(   )

6 ㉡을 표현하기 위해 발자국을 어떤 모양으로 나타내었습니까?   (   )

① 의자   ② 강아지

③ 신호등   ④ 선인장

⑤ 자동차

7 이 그림책에 대한 설명으로 알맞지 <u>않은</u> 것은 무엇입니까?   (   )

① 발자국 그림으로 내용을 표현하였다.

② 주인공이 학교 가는 길에 본 것을 알 수 있다.

③ 학교에 가기 싫은 주인공의 마음이 나타나 있다.

④ 주인공은 한 발짝마다 재미있는 일이 일어난다고 하였다.

⑤ 주인공이 본 것과 관련된 것으로 발자국의 모양이 바뀌고 있다.

서술형   역량

8 자신은 학교 가는 길에 본 것을 어떤 발자국 그림으로 표현하고 싶은지 쓰시오.

_____

_____

4
단원

국어 활동

● 그림을 보고 빈칸에 알맞은 글자를 써 보기

⊙ 등
가락
바닥
톱
ⓒ 등
꿈치

1 ⊙, ⓒ에 들어갈 알맞은 말을 쓰시오.

(1) ⊙: (   )

(2) ⓒ: (   )

2 다음에서 설명하는 우리 몸과 관련된 낱말은 무엇입니까?

(   )

> 발의 뒤쪽 발바닥과 발목 사이의 불룩한 부분.

① 손톱   ② 발톱

③ 발바닥   ④ 발가락

⑤ 발꿈치

● 그림을 보고 낱말 따라 써 보기

나는 우리 반 ⓒ

이/가 좋아요.

책 상 위에 책을 놓이요.

㉣   에서

포도를 사요.

친구와 **도 서 관** 에 가요.

3 다음 설명에 알맞은, ⓒ에 들어갈 낱말은 무엇입니까?

(   )

> • 학교와 관련이 있다.
> • 학생을 가르치는 사람이다.

① 친구들   ② 색연필

③ 선생님   ④ 할머니

⑤ 어머니

4 ㉣에 어떤 낱말이 어울릴지 생각하여 빈칸에 들어갈 글자를 쓰시오.

이야기 읽어 보기

꼭 잡아!

이혜경

야, 다 나왔다!

어? 비가 오네!

나뭇잎 우산 만들면 되지.
꼭 잡아!

5 어? 비가 많이 오네!

나뭇잎 배 만들면 되지.
됐다 됐어!

와, 바람 분다!
꼭 잡아!

10 나뭇잎 낙하산 타고 내려가 볼까?

우아, 앵두다.
어떻게 가져갈까?

나뭇잎 보자기에 한 개, 두 개, 세 개…….

나뭇잎 식탁에서 냠냠 쩝쩝 꿀꺽 냠냠냠.
15 아, 달다.

이제 나뭇잎 이불 꼭 덮고 쿨쿨.
내일은 또 뭐 할까?

5 비가 오자 애벌레들은 나뭇잎으로 무엇을 만들었습니까?
(   )
① 집   ② 우산
③ 모자   ④ 비옷
⑤ 신발

6 바람이 불자 애벌레들은 나뭇잎으로 무엇을 만들어 탔는지 쓰시오.
(   )

7 앵두를 발견한 애벌레들은 어떻게 하였습니까?   (   )
① 가져갈 수 없어서 포기했다.
② 나뭇잎 배에 실어 가져갔다.
③ 앵두나무 위에 집을 지었다.
④ 그 자리에서 앵두를 다 먹었다.
⑤ 나뭇잎 보자기에 싸서 가져갔다.

8 애벌레들이 잠을 잘 때 나뭇잎은 무엇이 되었는지 쓰시오.
(   )

1~2

동	생	가	진	서
할	아	버	지	아
머	민	주	오	빠
니	호	수	나	지
아	겨	엄	마	진

핵심

1 가족과 관련된 낱말 가운데 이 글자판에서 찾을 수 없는 것은 무엇입니까? ( )

① 나 　　　　② 동생
③ 누나 　　　④ 오빠
⑤ 할아버지

2 다음의 뜻을 가진 가족과 관련된 낱말을 이 글자판에서 찾아 쓰시오.

아버지나 어머니의 어머니를 뜻하는 말이다.

( )

📖 교과서 문제

3 그림에 알맞은 낱말을 선으로 이으시오.

(1)  ・ 　　・① 친구

(2)  ・ 　　・② 국수

4 그림에 알맞은 낱말을 바르게 쓴 것은 무엇입니까? ( )

 　① 수방차 　② 소방차
　③ 소바차 　④ 소방자
　⑤ 소방처

5 다음 그림에 알맞은 낱말을 쓰시오.

사각사각 □□□

6 그림을 보고, 어울리는 낱말을 찾아 선으로 이으시오.

(1)  ・ 　　・① 있다

(2)  ・ 　　・② 없다

7 다음 그림이 나타낸 낱말을 바르게 쓴 것은 무엇입니까? ( )

① 일다 　　　② 익다
③ 읽다 　　　④ 잇다
⑤ 잃다

8 다음 그림이 나타낸 낱말을 바르게 쓴 것에 ○표를 하시오.

(1) 차래 ( )
(2) 차레 ( )
(3) 차례 ( )

1~2

1 여자아이가 알려 준 것은 무엇인지 빈칸에 쓰시오.

• (   )의 이름

2 아이들이 본 식물의 이름을 바르게 선으로 이으시오.

(1) [해바라기 그림] •   • ① 나팔꽃

(2) [나팔꽃 그림] •   • ② 해바라기

3 낱말을 많이 알면 좋은 점을 <u>두 가지</u> 고르시오.   (,   )

① 몸이 튼튼해진다.
② 인사를 잘 할 수 있다.
③ 그림을 잘 그릴 수 있다.
④ 내 생각을 더 잘 표현할 수 있다.
⑤ 책을 읽을 때 어떤 내용의 이야기인지 더 잘 알 수 있다.

4 다음 그림의 빈칸에 들어갈 우리 몸과 관련 있는 낱말이 <u>아닌</u> 것은 무엇입니까? (   )

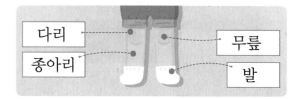

① 발   ② 가슴
③ 다리   ④ 무릎
⑤ 종아리

5 그림에 알맞은 낱말은 무엇입니까?   (   )

① 배   ② 등
③ 귀   ④ 머리
⑤ 어깨

6 우리 몸과 관련 있는 낱말 가운데 얼굴에 있는 것을 <u>두 가지</u> 쓰시오.

(   )

7 다음 그림에 어울리는 낱말끼리 바르게 묶인 것은 무엇입니까?   (   )

① 코 – 보다
② 귀 – 맡다
③ 입 – 먹다
④ 눈 – 듣다
⑤ 손 – 말하다

8 다음 그림을 보고, ㉠과 ㉡이 가리키는 낱말에 공통으로 들어갈 알맞은 말을 쓰시오.

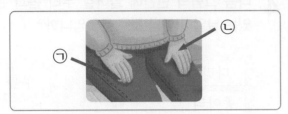

㉠ ☐☐ 톱   ㉡ ☐☐ 등

9 가족과 관련 있는 다음 낱말 가운데에서 가장 나이가 많은 사람을 가리키는 것은 무엇입니까? ( )

① 오빠   ② 누나
③ 동생   ④ 언니
⑤ 할머니

실력 UP

10 가족과 관련된 낱말 가운데에서 다음에서 설명하는 말을 쓰시오.

- 한 글자로 된 낱말이다.
- 자음자 'ㅎ'이 들어 있다.
- 나보다 나이가 많은 사람이다.

( )

11~13

엄마는 배추김치가 맛있대.

난 김치 없인 못 살아.

어우, 시원하다!

아빠는 뜨거운 설렁탕이 맛있대.

나는 기다란 스파게티가 맛있어.
후루룩 삼키면 몸 안에
길이 생길 것 같아.

너도 스파게티니?

11 엄마가 좋아하는 음식은 무엇입니까? ( )

① 국수   ② 달걀
③ 설렁탕   ④ 배추김치
⑤ 스파게티

12 아빠와 내가 맛있다고 한 음식을 찾아 알맞게 선으로 이으시오.

(1) 아빠 •   • ① 설렁탕

(2) 나 •   • ② 스파게티

서술형

13 '나'는 스파게티를 삼키면 어떤 일이 일어날 것 같다고 하였는지 쓰시오.

_____

_____

중요

14 학교와 관련 있는 낱말을 두 가지 고르시오.
(　, 　)

① 칠판　　　　　② 포도
③ 선생님　　　　④ 비행기
⑤ 소방차

중요

15 다음 낱말을 교실에서 볼 수 있는 것과 운동장에서 볼 수 있는 것으로 나누어 쓰시오.

책상　　시소　　미끄럼틀　　연필	
(1) 교실에서 볼 수 있는 것	(2) 운동장에서 볼 수 있는 것

16 우리 동네에서 볼 수 있는 것 가운데에서 책을 파는 장소를 나타내는 낱말을 쓰시오.

실력 UP

17 우리 동네에서 볼 수 있는 것 가운데에서 다음 낱말과 관련된 장소는 어디입니까? (　)

감　　수박　　포도　　블루베리

① 빵집　　　　　② 은행
③ 학원　　　　　④ 소방서
⑤ 과일 가게

국어 활동

18 우리 교실에 있는 물건 가운데 이름이 두 글자인 것을 두 가지 쓰시오.
(　　　　　　　)

4
단원

19~20

치과를 지나

꽃집을 지나

가구점을 지나

19 꽃집을 지날 때 발자국 그림을 무엇처럼 나타내었습니까? (　)

① 꽃잎　　　　　② 오리
③ 선인장　　　　④ 자동차
⑤ 소파의 등받이

서술형

20 자신이 학교 가는 길에 본 것을 떠올려 **보기** 처럼 쓰시오.

보기
나는 오늘 학교 가는 길에 버스를 봤다.

_____

_____

● 글씨를 바르게 써 보시오.

나		동	생		가	족		학	교
나		동	생		가	족		학	교
나		동	생		가	족		학	교

선	생	님		과	일		공	원
선	생	님		과	일		공	원
선	생	님		과	일		공	원

5
반갑게 인사해요

무엇을 배울까요?

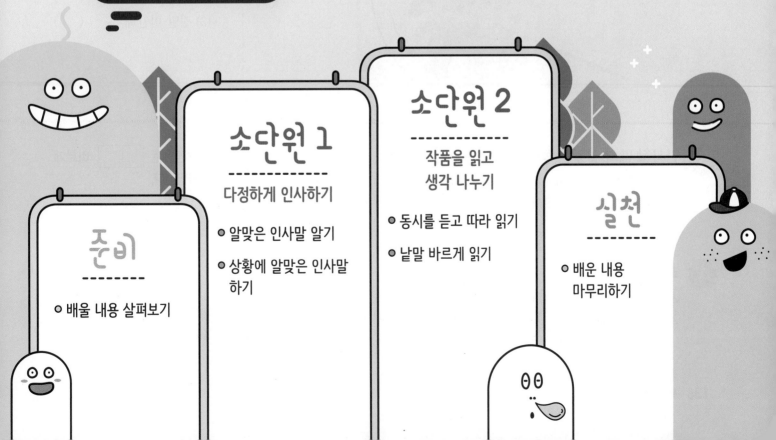

준비

○ 배울 내용 살펴보기

소단원 1

다정하게 인사하기

● 알맞은 인사말 알기

● 상황에 알맞은 인사말 하기

소단원 2

작품을 읽고 생각 나누기

● 동시를 듣고 따라 읽기

● 낱말 바르게 읽기

실천

○ 배운 내용 마무리하기

1 만나는 사람에게 인사하면 좋은 점

① 상대도 나에게 바르게 인사합니다.
② 반가운 마음을 표현할 수 있습니다.
③ 서로 더 가까운 사이가 될 수 있습니다.
④ 인사를 받는 사람과 나의 기분이 좋아집니다.

2 상황에 알맞은 인사말 하기

친구 집에 놀러 갔을 때
어서 와.
초대해 줘서 고마워.

학교 가는 길에 웃어른을 만났을 때
조심히 오렴.
○○초등학교
감사합니다.

교실에서 친구와 부딪쳤을 때
정말 미안해.

3 인사할 때의 알맞은 행동이나 마음가짐

① 상대를 바라보며 반가운 마음으로 인사합니다.
② 웃어른께는 예의 바르게 인사합니다.

4 낱말 바르게 읽기

① 글자와 소리가 다른 낱말을 바르게 읽습니다.
② 앞말의 받침이 뒷말 첫소리가 되는 낱말을 읽을 때 받침을 뒤에 오는
   'ㅇ' 자리에 두고 자연스럽게 읽습니다.
   예 걸음[거름]

핵심 확 · 인 · 문 · 제

정답과 해설 ● 18쪽

1 만나는 사람에게 인사하면 서로 더 가까운 사이가 될 수 있습니다.
(○ , ×)

2 친구 집에 놀러 갔을 때는 "초 대해 줘서 □□□."(이) 라고 말합니다.

3 다음 상황에서 해야 할 인사말 로 알맞은 것에 ○표를 하시오.

교실에서 친구와 부딪쳤 을 때

(1) 안녕? ( )
(2) 감사합니다. ( )
(3) 정말 미안해. ( )

4 웃어른께는 □□ 바르게 인사합니다.

5 '걸음'은 ([거름], [걸음])으로 읽습니다.

준비 🍃 〈 배울 내용 살펴보기

정답과 해설 ● 18쪽

모두 모두 안녕!

글: 윤여림, 그림: 배현주

내가 좋아하는 친구들아,
가깝게 오래 사귄 사람.

안녕!

다음에 나도 ♥같이 놀자.

내가 좋아하는 아랫집 할머니,

5 안녕하세요?

강아지들도 안녕?

● 「모두 모두 안녕!」을 읽고 떠오른 생각이나 자신의 경험을 이야기해 보기

어제 공원에서 이웃집 아주머니를 만나 인사했어.

친구에게 하는 인사와 웃어른께 하는 인사가 다르구나.

• 글의 특징: 친구, 할머니, 강아지에게 인사할 때의 알맞은 인사말을 알 수 있습니다.

♥같이 둘 이상의 사람이나 사물이 함께.
㉠ 가족들과 같이 밥을 먹었습니다.

교과서 핵심

○ 만나는 사람에게 인사하면 좋은 점
• 상대도 나에게 바르게 인사합니다.
• 반가운 마음을 표현할 수 있습니다.
• 서로 더 가까운 사이가 될 수 있습니다.
• 인사를 받는 사람과 나의 기분이 좋아집니다.

---

1 이 글에서 내가 인사한 대상이 <u>아닌</u> 것을 골라 ×표를 하시오.

(1) 선생님 ( )
(2) 친구들 ( )
(3) 강아지들 ( )
(4) 아랫집 할머니 ( )

2 이 글에서 '나'는 아랫집 할머니께 무엇이라고 인사했는지 찾아 쓰시오.

( )

3 [서술형] 📖 교과서 문제
이 글을 읽고 떠오른 자신의 생각이나 경험을 쓰시오.

_____

_____

4 [핵심] 📖 교과서 문제
만나는 사람에게 인사하면 좋은 점으로 알맞은 것을 두 가지 고르시오. (,)

① 높임말을 쓰지 않아도 된다.
② 상대가 나에게 먼저 인사한다.
③ 상대의 이름과 나이를 알 수 있다.
④ 서로 더 가까운 사이가 될 수 있다.
⑤ 인사를 받는 사람과 나의 기분이 좋아진다.

● 인사한 경험을 떠올려 보기

• **그림 설명**: 친구와 인사할 때, 감사한 상황일 때, 웃어른을 뵈었을 때, 축하할 일이 있을 때, 학교에 갈 때 등의 상황에 알맞은 인사말을 알 수 있습니다.

♥**축하** 남의 좋은 일을 기뻐하고 즐거워한다는 뜻으로 인사함. 또는 그런 인사. ⓐ 친구의 생일을 축하했습니다.

교과서 핵심

● **그림에 알맞은 인사말 알아보기** ⓐ

다녀왔습니다.

➡ 상대와 상황에 따라 인사말이 달라질 수 있으므로, 그에 맞는 말과 행동을 해야 합니다.

---

1 ㉠은 어떤 상황입니까? ( )

① 친구를 만난 상황
② 친구와 싸운 상황
③ 선생님을 만난 상황
④ 가족들과 식사하는 상황
⑤ 친구의 생일잔치에 간 상황

핵심

2 ㉡과 ㉢에 들어갈 알맞은 인사말을 찾아 선으로 이으시오.

(1) ㉡ • • ① 잘 먹겠습니다.

(2) ㉢ • • ② 학교 다녀오겠습니다.

---

3 다음 그림의 상황에서 친구에게 할 알맞은 인사말을 쓰시오.

( )

역량 📖 교과서 문제

4 문제 3번에서 답한 인사말을 할 때 어떤 마음으로 인사해야 할지 알맞게 말한 친구를 쓰시오.

민선: 친구와 반갑게 인사해.
다솔: 친구가 당연히 해 주어야 할 일이니까 당당하게 인사해.
이안: 내 물건을 주워 준 친구에게 고마운 마음이 드러나게 인사해.

( )

상황에 알맞은 인사말을 알아보기

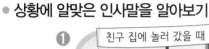

① 친구 집에 놀러 갔을 때
어서 와.
♥초대해 줘서 고마워.

② 학교 가는 길에 웃어른을 만났을 때
㉠
㉡

③ 교실에서 친구와 부딪쳤을 때
㉢

• **그림 설명:** 그림 ①은 친구 집에 놀러 간 상황, 그림 ②는 학교 가는 길에 웃어른을 만난 상황, 그림 ③은 교실에서 친구와 부딪친 상황입니다. 각 상황에 알맞은 인사말이 무엇인지 생각해 봅니다.

♥**초대** 어떤 모임에 참가해 줄 것을 청함.
예 학예회에 부모님을 초대했습니다.

🐌 교과서 핵심

• **인사할 때의 알맞은 행동이나 마음가짐 알아보기**
  • 상대를 바라보며 반가운 마음으로 인사합니다.
  • 웃어른께는 예의 바르게 인사합니다.

📖 교과서 문제

1 ㉠과 ㉡에 들어갈 알맞은 인사말을 보기 에서 찾아 번호를 쓰시오.

> **보기**
> ① 감사합니다.   ② 조심히 오렴.

(1) ㉠: (   )   (2) ㉡: (   )

3 상황에 맞게 인사한 장면을 찾아 ○표를 하시오.

(1) 안녕히 주무세요.   (2) 생일 축하해.

(   )   (   )

핵심

2 ㉢에 들어갈 알맞은 인사말을 <u>두 가지</u> 고르시오.   (,   )

① 고마워.   ② 괜찮아?
③ 아이, 정말!   ④ 정말 미안해.
⑤ 안녕하세요?

서술형 역량

4 인사를 할 때 알맞은 행동이나 마음가짐을 생각하며 다음 그림의 남자아이에게 조언해 줄 말을 쓰시오.

안녕?

_____

_____

_____

소단원 1

● 역할놀이를 해 보기

① 할아버지 생신을 축하드릴 때

② 친구를 만날 때

③ 이웃에게서 선물을 받을 때

④ ?

• 그림 설명: 그림 ①은 할아버지 생신을 축하하기 위해 모인 상황, 그림 ②는 엄마와 산책하다가 친구를 만난 상황, 그림 ③은 이웃에게서 선물을 받는 상황입니다. 친구들과 모둠별로 상황을 정하고 역할놀이를 해 볼 수 있습니다.

교과서 핵심

● 상황에 알맞은 인사말을 생각하며 역할놀이를 해 보기
(1) 인사말을 하는 상황을 정합니다.
(2) 역할놀이에서 어떤 역할을 맡을지 정합니다.
(3) 맡은 역할에 알맞은 인사말을 생각하고 이야기해 봅니다.
(4) 맡은 역할에 따라 상황에 알맞은 인사말을 하며 역할놀이를 해 봅니다.

📖 교과서 문제

5 인사말을 하는 상황을 한 가지 떠올려 쓰시오.

_____

핵심

6 그림 ①의 상황에서 아이가 할 인사말로 알맞은 것은 무엇입니까? ( )

① 안녕?
② 반가워.
③ 누구세요?
④ 허허, 모두 고맙구나.
⑤ 할아버지, 생신 축하드려요.

7 그림 ③의 상황으로 역할놀이를 하려고 합니다. 여자아이 역할에 알맞은 인사말을 빈칸에 쓰시오.

여자아이: 누구세요?
아주머니: 안녕? 나는 옆집에 사는 사람이야. 이거 떡인데 가족들과 나누어 먹으렴.
여자아이: _____

8 인사말을 할 상황을 정하고 역할놀이를 하는 방법에 알맞게 순서를 쓰시오.

(1) 상황과 역할에 알맞게 인사말을 주고받는다. ( )
(2) 인사말을 하는 상황을 정한다. ( )
(3) 역할을 정하고 알맞은 인사말을 생각한다. ( )

소단원 2

저녁 인사

글: 최명란, 그림: 박현영

엄마 아빠 누나 동생

할아버지 할머니 고모 이모

전봇대 아파트 ♥가로등 학교
전선이나 통신선을 늘여 매기 위하여 세운 기둥.

토끼 강아지 고양이 쥐

모두 모두 잘 자요

모두 내 꿈 꿔요

• **글의 내용:** 잠을 자기 전에 가족, 다양한 물건, 동물들에게 저녁 인사를 하였습니다.

♥**가로등** 거리의 조명이나 교통의 안전, 또는 아름답고 훌륭한 풍경 따위를 위하여 길가를 따라 설치해 놓은 등.
예 가로등에 불이 들어오니 거리가 밝아졌습니다.

교과서 핵심

○「저녁 인사」의 인사말과 관련된 자신의 경험을 친구들과 이야기해 보기 예

내 동생에게 자기 전에 "잘 자."라고 인사했어.

📖 교과서 문제

1 이 동시는 언제 하는 인사와 관련이 있습니까? ( )

① 아침
② 점심
③ 저녁
④ 친구와 헤어질 때
⑤ 자고 일어났을 때

📖 교과서 문제

2 이 동시에서 무엇이라고 인사했는지 두 가지 고르시오. (,)

① 고마워.
② 모두 안녕?
③ 모두 잘 가요.
④ 모두 내 꿈 꿔요.
⑤ 모두 모두 잘 자요.

서술형

3 이 동시의 인사말과 관련된 자신의 경험을 보기 와 같이 쓰시오.

보기

내 동생에게 자기 전에 "잘 자."라고 인사했어.

_____

_____

4 다음 노래에서 사용된 인사말을 찾아 쓰시오.

우리 서로 학굣길에 만나면 만나면
웃는 얼굴 하고 인사 나눕시다 얘들아 안녕

하루 공부 마치고서 집으로 갈 때도
헤어지기 전에 인사 나눕시다 얘들아 안녕
– 박화목, 「안녕」

( )

사슴과 뿔

어느 숲속에 사슴 한 마리가 살고 있었어요. 이 사슴은 항상 자신의 뿔을 자랑스럽게 생각하고 있었어요.

"내 멋진 뿔을 봐. 어쩜 이렇게 아름답게 생겼을까? 하지만 다리는 참 약해 보이고 가늘단 말이야."

사슴은 자신의 가늘고 긴 다리가 늘 ♥불만이었지요.

그때였어요. 멀리서 어떤 소리가 들렸어요.

5 "어? 이건 무슨 소리지?"

사슴은 누군가가 걸어오는 소리라는 것을 알았어요.

"앗, 사냥꾼의 걸음 소리가 들려. 도망가자!"

<u>사냥하는 사람. 또는 사냥을 직업으로 하는 사람.</u>

놀란 사슴은 두 다리로 힘껏 달렸어요.

"♥하마터면 사냥꾼에게 붙잡힐 뻔했네."

10 집으로 돌아가려던 사슴은 깜짝 놀라 소리쳤어요.

"으아! 뿔이 걸려서 움직일 수 없잖아!"

깊은 숲속 나뭇가지 사이에 뿔이 걸려 사슴은 한 발짝도 움직일 수 없었어요.

'항상 멋진 뿔을 자랑스러워했는데…… 엉엉.'

• **글의 내용**: 자신의 뿔은 자랑스러워했지만 가늘고 긴 다리는 불만이었던 사슴이 있었습니다. 어느 날, 사슴은 사냥꾼에게 쫓기자 긴다리로 힘껏 달려 도망칠 수 있었습니다. 그러나 집으로 돌아가려던 사슴은 늘 자랑스럽게 여기던 뿔이 나뭇가지에 걸려 움직일 수 없었습니다.

♥**불만** 마음에 조금도 모자람이 없을 정도로 넉넉하여 만족하지 않음.
예 동생은 형에게 불만을 품었습니다.

♥**하마터면** 조금만 잘못하였더라면. 위험한 상황을 겨우 벗어났을 때에 쓰는 말.
예 하마터면 큰일 날 뻔했습니다.

5
단원

● 글자와 소리가 어떻게 다른지 알아보기

글자	→	소리
걸음	걸음	[거름]

'걸음'은 [걸음]이 아니라 [거름]으로 읽습니다.

● 낱말을 소리 내어 읽어 보기

악어

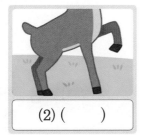

나들이

목요일

놀이터

웃으며

걸으며

교과서 핵심

● 글자와 소리가 다른 낱말 올바르게 읽기

낱말에서 앞말 받침 뒤에 'ㅇ'이 오면 앞말 받침을 뒷말 첫소리로 자연스럽게 이어서 읽습니다.

예 걸음[거름], 깊은[기픈]

📖 교과서 문제

1 「사슴과 뿔」 이야기에서 사슴이 자랑스러워한 것은 무엇인지 ◯표를 하시오.

(1) (　　　)

(2) (　　　)

📖 교과서 문제

2 「사슴과 뿔」 이야기에서 집으로 돌아가려던 사슴이 움직일 수 없었던 까닭은 무엇입니까?
(　　　)

① 사냥꾼에게 붙잡혀서
② 사냥꾼의 걸음 소리가 들려서
③ 사슴의 다리가 너무 가늘어서
④ 나뭇가지에 사슴의 뿔이 걸려서
⑤ 나뭇가지에 사슴의 다리가 걸려서

핵심

3 낱말을 소리 내어 바르게 읽지 <u>않은</u> 것은 무엇입니까?
(　　　)

① 악어[아거]
② 깊은[기픈]
③ 뿔이[뿌리]
④ 사슴은[사스믄]
⑤ 놀이터[놀리터]

📖 교과서 문제

4 글자와 소리가 다른 낱말을 <u>두 가지</u> 고르시오.
(　　　,　　　)

① 국어
② 달리기
③ 기어서
④ 고기를
⑤ 걸어서

실력 키우기 • 76~79쪽   **소단원 1. 다정하게 인사하기**

● 그림을 보고 어떤 상황인지 말해 보기

❶

❷

❸

❹

● 앞의 그림 속 상황에 알맞은 인사말에 ○표를 해 보기

❶ 미안해.

　고마워.

❷ 미안합니다.

　안녕하세요?

❸ 안녕?

　축하해.

❹ 고마워.

　어서 와.

1 그림 ❶~❹에 알맞은 상황을 보기 에서 찾아 기호를 쓰시오.

> **보기**
> ㉠ 친구에게 미안한 상황
> ㉡ 아는 어른을 만난 상황
> ㉢ 친구에게 고마운 상황
> ㉣ 친구에게 축하하는 마음
> 　 을 전하는 상황

(1) 그림 ❶: (　　　)
(2) 그림 ❷: (　　　)
(3) 그림 ❸: (　　　)
(4) 그림 ❹: (　　　)

2 그림 ❸에서 여자아이가 남자아이에게 할 인사말로 알맞은 것에 ○표를 하시오.

(1) 안녕?　　　　　(　　　)
(2) 축하해.　　　　(　　　)

3 친구가 연필을 빌려주었을 때 할 인사말을 떠올려 쓰시오.

(　　　　　　　　　)

4 어른께 하는 인사말로 알맞지 <u>않은</u> 것은 무엇입니까?

(　　　)

① 미안해.
② 감사합니다.
③ 안녕하세요?
④ 다녀오겠습니다.
⑤ 생신 축하드려요.

소단원 2. 작품을 읽고 생각 나누기

시계

시계는 아침부터 똑딱똑딱
<small>시계나 작은 발동기, 똑딱선의 기관 따위가 잇따라 돌아가는 소리.</small>
시계는 아침부터 똑딱똑딱

언제나 같은 소리 똑딱똑딱

부지런히 일해요

시계는 밤이 돼도 똑딱똑딱

시계는 밤이 돼도 똑딱똑딱

모두들 ㉠잠을 자도 똑딱똑딱

쉬지 않고 가지요

● 하루 동안 무슨 일을 하는지 이야기해 보기

5 이 노랫말에서 반복되는 말을 두 가지 고르시오.

(,   )

① 시계
② 소리
③ 모두들
④ 똑딱똑딱
⑤ 부지런히

6 이 노랫말에서 글자와 소리가 다른 낱말은 무엇입니까?

(   )

① 소리   ② 시계
③ 같은   ④ 언제나
⑤ 가지요

7 ㉠은 어떻게 소리 나는지 빈칸에 쓰시오.

| 잠을 | 잠 + 을 |

↓

[   ]

8 하루 일과표를 보고 자신은 하루 동안 무슨 일을 하는지 한 가지 쓰시오.

_____

_____

実천

📖 교과서 문제

1 다음의 상황에 알맞은 인사말을 찾아 ○표를 하시오.

┌─────────────────────────┐
│ 친구가 상을 받았을 때 │
└─────────────────────────┘

(1) 안녕? ( )
(2) 축하해. ( )

2 학교에 갈 때 부모님께 할 인사말을 쓰시오.
( )

핵심

📖 교과서 문제

3 읽을 때 글자와 다르게 소리 나는 낱말을 모두 찾아 색칠하시오.

📖 교과서 문제

4 다음 문장을 소리 나는 대로 쓰시오.

바람이 불어요.

[ ]

5~7

① 네가 찾던 필통이 여기 있단다. 많이 걱정했지?

② ㉠하하, 다행이다.

③ 이럴 때에는 "물건을 찾아 주셔서 고맙습니다."라고 말하면 된단다.

④ ㉡

5 남자아이가 잃어버린 물건은 무엇입니까?
( )

① 자
② 연필
③ 필통
④ 가방
⑤ 지우개

역량

6 친구들이 ㉠에 대해 이야기하고 있습니다. 알맞지 <u>않은</u> 이야기를 한 친구를 쓰시오.

┌───────────────────────────────┐
│ 소민: 대화의 흐름에 맞지 않는 말이야. │
│ 수지: 선생님께 감사함을 표현하고 있어. │
│ 나림: 물건을 찾아 주신 선생님께 예의를 지 │
│   키며 하는 말로 알맞지 않아. │
└───────────────────────────────┘

( )

7 ㉡에서 남자아이가 할 인사말을 쓰시오.
( )

단원 평가

5 단원

1~2

> 내가 좋아하는 친구들아, 안녕!
> 다음에 나도 같이 놀자.
>
> 내가 좋아하는 아랫집 할머니, 안녕하세요?
> 강아지들도 안녕?

1 이 글을 읽고 든 생각이나 자신의 경험을 바르게 말하지 <u>않은</u> 친구를 쓰시오.

> 규민: 친구와 인사를 하니 기분이 좋았어.
> 은수: 친구를 만나면 "안녕하세요?"라고 인사해.
> 지훈: 어제 공원에서 이웃집 아주머니를 만나 인사했어.

( )

서술형

2 만나는 사람에게 인사하면 좋은 점을 한 가지 쓰시오.

_____

_____

중요

3 다음 그림의 상황에서 남자아이가 할 인사말로 알맞은 것은 무엇입니까? ( )

① 안녕?
② 축하해.
③ 고마워.
④ 내일 보자.
⑤ 학교 다녀오겠습니다.

실력 UP

4 다음 그림에서 남자아이가 할 인사말과 그때의 마음을 알맞게 짝 지은 것은 무엇입니까?
( )

	인사말	인사말을 할 때의 마음
①	안녕?	미안한 마음
②	고마워.	반가운 마음
③	미안해.	고마운 마음
④	축하해.	축하하는 마음
⑤	어서 와.	걱정하는 마음

중요

5 ㉠에 들어갈 인사말로 알맞은 것은 무엇입니까? ( )

① 반가워.
② 미안해.
③ 감사합니다.
④ 다녀왔습니다.
⑤ 초대해 줘서 고마워.

서술형

6 상황에 맞게 인사하는 방법을 생각하며 다음 그림의 남자아이가 <u>잘못한</u> 점을 쓰시오.

_____

_____

중요

7 인사를 할 때의 알맞은 행동이나 마음가짐이 아닌 것을 찾아 ×표를 하시오.

(1) 상대를 바라보며 반가운 마음으로 인사한다. ( )

(2) 웃어른께는 예의 바르고 공손하게 인사한다. ( )

(3) 어른께 인사할 때는 크게 손을 흔들며 인사한다. ( )

실력 UP

8 할아버지 생신을 축하드리는 상황을 역할놀이로 해 보았습니다. 알맞지 않은 것을 골라 ×표를 하시오.

(1) 남자아이: 할아버지, 생일 축하해요. ( )

(2) 할아버지: 허허, 모두 고맙구나. ( )

(3) 할아버지: 이제 케이크를 먹자꾸나. ( )

(4) 남자아이: 잘 먹겠습니다. ( )

국어 활동

9 그림의 상황에서 여자아이가 할 인사말로 알맞은 것은 무엇입니까? ( )

① 미안해.
② 축하해.
③ 오랜만이야.
④ 죄송합니다.
⑤ 다녀왔습니다.

10~11

> 엄마 아빠 누나 동생
> 할아버지 할머니 고모 이모
> 전봇대 아파트 가로등 학교
> 토끼 강아지 고양이 쥐
> 모두 모두 잘 자요
> 모두 내 꿈 꿔요

10 이 시에서 한 인사는 언제 하는 인사인지 ○표를 하시오.

(1) 아침　　　(2) 점심　　　(3) 저녁

11 이 시에서 무엇이라고 인사했는지 쓰시오.

( )

12~13

> 우리 서로 학굣길에 만나면 만나면
> 웃는 얼굴 하고 인사 나눕시다 얘들아 안녕
>
> ㉠하루 공부 마치고서 집으로 갈 때도
> 헤어지기 전에 인사 나눕시다 얘들아 안녕

12 ㉠의 상황에서 선생님께 할 알맞은 인사말은 무엇입니까? ( )

① 잘 가.
② 반가워.
③ 내일 만나.
④ 안녕하세요.
⑤ 안녕히 계세요.

서술형

13 이 노래의 인사말과 관련된 자신의 경험을 쓰시오.

_____

_____

14~16

㉮ ㉠사슴은 항상 자신의 뿔을 자랑스럽게 생각하고 있었어요.

"내 멋진 ㉡뿔을 봐. 어쩜 이렇게 아름답게 생겼을까? 하지만 다리는 참 약해 보이고 가늘단 말이야."

㉯ "앗, 사냥꾼의 ㉢걸음 소리가 들려. 도망가자!"

놀란 사슴은 두 다리로 힘껏 달렸어요.

"하마터면 사냥꾼에게 붙잡힐 뻔했네."

㉣집으로 돌아가려던 사슴은 깜짝 놀라 소리쳤어요.

"으아! 뿔이 걸려서 움직일 수 없잖아!"

깊은 숲속 나뭇가지 ㉤사이로 뿔이 걸려 사슴은 한 발짝도 움직일 수 없었어요.

14 ㉮에서 사슴이 자랑스러워한 것과 불만인 것을 찾아 선으로 이으시오.

(1) 자랑스러워한 것 ・ ・①

(2) 불만인 것 ・ ・②

15 사슴이 나무에 걸린 까닭은 무엇인지 빈칸에 알맞은 말을 쓰시오.

• 나뭇가지 사이로 (   )이/가 걸렸다.

16 ㉠~㉤ 가운데 낱말과 소리가 같은 낱말은 무엇인지 기호를 쓰시오.

(   )

중요

17 다음 낱말을 소리 내어 읽어 보고 어떻게 소리 나는지 쓰시오.

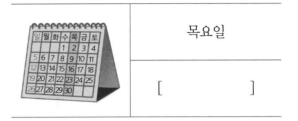

	목요일
	[ ]

국어 활동

18 다음 노랫말에서 글자와 소리가 다른 낱말을 바르게 읽은 것을 두 가지 고르시오.

(,   )

시계는 밤이 돼도 똑딱똑딱
시계는 밤이 돼도 똑딱똑딱
모두들 잠을 자도 똑딱똑딱
쉬지 않고 가지요

① 밤이[밤히]   ② 밤이[바미]
③ 잠을[자믈]   ④ 잠을[잠을]
⑤ 잠을[잠흘]

19 다음 상황에 알맞은 인사말에 ○표를 하시오.

친구에게 도움을 받았을 때

(축하해.   ,   고마워.   )

20 내가 잃어버린 물건을 선생님께서 찾아 주셨을 때 할 인사말로 알맞은 것은 무엇입니까?

(   )

① 걱정 많이 했어.
② 하하, 다행이다.
③ 어디에 있었어?
④ 난 왜 못 찾았지?
⑤ 찾아 주셔서 감사합니다.

● 글씨를 바르게 써 보시오.

안	녕
안	녕
안	녕

목	요	일
목	요	일
목	요	일

놀	이	터
놀	이	터
놀	이	터

걸	음
걸	음
걸	음

생	신
생	신
생	신

공	놀	이
공	놀	이
공	놀	이

6

또박또박
읽어요

무엇을 배울까요?

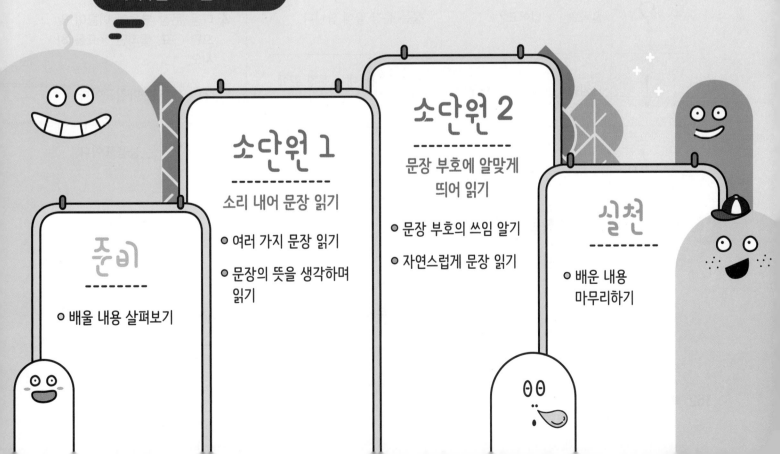

소단원 1
소리 내어 문장 읽기

- 여러 가지 문장 읽기
- 문장의 뜻을 생각하며 읽기

소단원 2
문장 부호에 알맞게 띄어 읽기

- 문장 부호의 쓰임 알기
- 자연스럽게 문장 읽기

준비
- 배울 내용 살펴보기

실천
- 배운 내용 마무리하기

1 문장을 정확하고 알맞게 띄어 읽어야 하는 까닭

① 문장을 정확하게 읽지 않으면 듣는 사람이 뜻을 알기 어렵기 때문입니다.

② 띄어 읽기에 따라 문장의 뜻이 달라지기 때문입니다.

2 문장의 뜻을 생각하며 읽기

① 알맞은 목소리로 또박또박 읽습니다.

② 누가(무엇이) 무엇을 어찌했는지 생각하며 읽습니다.

③ 누가(무엇이) 어떠한지 생각하며 읽습니다.

→ 문장 부호는 문장의 뜻을 돕거나 문장을 구별하여 읽고 이해하기 쉽도록 하는 여러 가지 부호를 말합니다.

3 문장 부호의 쓰임 알기

,	쉼표	할아버지,	부르는 말이나 대답하는 말 뒤에 씁니다.
.	마침표	있었단다.	설명하는 문장 끝에 씁니다.
?	물음표	없어요?	묻는 문장 끝에 씁니다.
!	느낌표	좋은 생각이구나!	느낌을 나타내는 문장 끝에 씁니다.

4 문장 부호에 따라 문장을 띄어 읽는 방법

① [,] 뒤에는 ∨를 하고 조금 쉬어 읽습니다.

→ ∨는 쐐기표라고 하고, ≫는 겹쐐기표라고 합니다.

② [.] [?] [!] 뒤에는 ≫를 하고, [,] 보다 조금 더 쉬어 읽습니다.

③ 글이 끝나는 곳에서는 ≫를 하지 않습니다.

1 문장을 정확하게 띄어 읽어야 문장의 뜻을 잘 이해할 수 있습니다.

(○ , ×)

2 문장을 읽을 때는 ☐을/를 생각하며 읽습니다.

3 ☐☐ ☐☐은/는 문장의 뜻을 돕거나 문장을 구별하여 읽고 이해하기 쉽도록 하는 여러 가지 부호를 말합니다.

4 다음 문장 부호의 이름이 맞으면 ○표, 틀리면 ×표를 하시오.

(1) [,] 는 마침표이다.

( )

(2) [?] 는 물음표이다.

( )

5 [,] 뒤에는 (∨ , ≫)를 하고 조금 쉬어 읽습니다.

준비

● 문장을 정확하게 읽어야 하는 까닭을 알아보기

• **그림 설명**: 여우와 토끼가 책을 읽고 있는데, 여우가 문장을 정확하게 읽지 않아서 토끼가 여우의 말을 이해하지 못하였습니다.

♥**어디든** 어느 곳이든. 일정하게 정해져 있지 아니한 곳을 가리킴.
예 그곳이 **어디든** 너만 따라 가겠다.

교과서 핵심

● **문장을 정확하게 읽어야 하는 까닭**

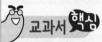

 자전거를 가면?

→ 문장을 정확하게 읽지 않으면 듣는 사람이 뜻을 알기 어렵습니다.

---

1 책 속의 아이는 무엇을 하고 있습니까?
( )

① 잠깐 쉬고 있다.
② 책을 읽고 있다.
③ 공부를 하고 있다.
④ 자전거를 타고 있다.
⑤ 달리기를 하고 있다.

2 여우가 ㉠을 어떻게 읽었는지 생각하며 빈칸에 알맞은 말을 쓰시오.

이 자전거를
( ) 어디든 갈
수 있어!

3 토끼가 여우의 말을 이해하지 <u>못한</u> 까닭은 무엇입니까? ( )

① 주변이 너무 시끄러워서
② 여우가 말을 너무 빨리 해서
③ 여우가 말을 너무 천천히 해서
④ 여우가 말할 때 토끼가 딴짓을 해서
⑤ 여우가 문장을 정확하게 읽지 않아서

핵심

4 이 그림을 보고 문장을 정확하게 읽어야 하는 까닭을 바르게 말한 친구를 쓰시오.

현우: 문장을 정확하게 읽지 않으면 뜻이 잘 전달되지 않아.
지현: 문장을 정확하게 읽으면 책을 다 읽지 않아도 내용을 알 수 있어.

( )

준비

● 문장을 알맞게 띄어 읽어야 하는 까닭을 알아보기

ㄱ 오늘 밤 나무를 ♥심자.

ㄴ 오늘 밤나무를 심자.

● **그림 설명**: 같은 문장을 읽었지만 남자아이와 여자아이가 문장에서 띄어 읽은 부분이 달라 뜻이 전혀 다른 문장이 되었습니다.

♥심자 풀과 나무의 뿌리나 씨앗 따위를 흙 속에 묻자.
㉠ 우리 모두 텃밭에 배추를 심자.

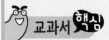 교과서 **핵심**

● 문장을 정확하고 알맞게 띄어 읽어야 하는 까닭

  띄어 읽기에 따라 문장의 뜻이 달라지기 때문입니다.

5 의자에 앉아 있는 남자아이와 여자아이는 무엇을 하고 있습니까? (   )

① 책을 읽고 있다.
② 나무를 심고 있다.
③ 그림을 그리고 있다.
④ 종이접기를 하고 있다.
⑤ 만화 영화를 보고 있다.

7 ㄴ은 어떤 나무를 심자는 뜻입니까? (   )

① 소나무
② 잣나무
③ 밤나무
④ 은행나무
⑤ 대추나무

6 ㄱ의 뜻을 생각하며 알맞은 말에 ○표를 하시오.

  ㄱ은 오늘 (낮, 밤)에 나무를 심자는 뜻의 문장이다.

핵심

8 다음 빈칸에 알맞은 말을 쓰시오.

  동일한 문장이라도 (   ) 읽기에 따라 문장의 뜻이 달라집니다.

● 그림을 보고 떠오르는 문장을 말해 보기

• 그림 설명: 친구들이 물에서 신나게 놀고 있고 엄마가 그 모습을 바라보며 사진을 찍고 있습니다.

🐌 교과서 핵심

● 그림을 보고 떠오르는 생각을 문장으로 나타내기 예

 | 친구들이 기뻐합니다.
 | 새가 날아갑니다.
 | 물이 시원합니다.

1 이 그림에서 친구들은 무엇을 하고 있습니까?
( )

① 새를 잡고 있다.
② 사진을 찍고 있다.
③ 엄마를 돕고 있다.
④ 물놀이를 하고 있다.
⑤ 맛있는 간식을 먹고 있다.

2 핵심

이 그림을 보고 떠오르는 문장을 보기 와 같이 쓰시오.

보기
새가 날아갑니다.

( )

3~4

📖 교과서 문제

3 다음 문장에 알맞은 그림의 기호를 쓰시오.

강아지가 뛰어갑니다.

( )

4 ㄹ에 어울리는 문장을 만들기 위해 알맞은 말에 ○표를 하시오.

(아기가, 개미가) 웃습니다.

● 그림을 확인하며 문장을 소리 내어 읽어 보기

① 나는 초등학생이 되었습니다.

② 얼음이 (㉠)이/가 되었습니다.

③ 우리는 (㉡) 친구가 되었습니다.

④ (㉢)이/가 되었습니다.

• **그림 설명**: 유치원생이 초등학생이 되고, 얼음이 물이 되고, 사이가 나쁜 친구가 사이좋은 친구가 되고, 봄이 여름이 된 모습이 나와 있습니다.

교과서 **핵심**

● 그림을 확인하며 문장을 소리 내어 읽기 예

→ 우리는 사이좋은 친구가 되었습니다.

📖 교과서 문제

5 그림 ①에서 '나'는 무엇이 되었습니까?

( )

① 친구
② 어른
③ 중학생
④ 유치원생
⑤ 초등학생

핵심

6 그림을 보고 ㉠~㉢에 들어갈 알맞은 말을 쓰시오.

(1) ㉠: ( )
(2) ㉡: ( )
(3) ㉢: ( )

7 보기 와 같이 물음에 답이 되는 낱말을 찾아 ○표를 하시오.

보기

나는 무엇을 하고 있나요?

나는 청소를 합니다.

동생이 무엇을 먹고 있나요?

동생이 국수를 먹습니다.

서술형

8 다음 물음에 답이 되는 낱말을 넣어 문장을 만들어 쓰시오.

친구들이 무엇을 하고 있나요?

_____

● 그림의 내용에 어울리는 문장을 말해 보기

• 그림 설명: 놀이터에서 여러 동물들이 놀고 있습니다. 그림을 보며 누가, 무엇을 하고 있는지 생각해 봅니다.

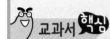 교과서 핵심

○ 그림에 알맞은 문장을 소리 내어 읽기 예

→ 친구가 손을 깨끗이 씻습니다.

핵심

1 그림의 내용에 알맞은 문장을 두 가지 고르시오. (,)

① 하마가 시소를 탑니다.
② 호랑이가 턱걸이를 합니다.
③ 원숭이가 자리에 앉습니다.
④ 곰이 모래성을 완성했습니다.
⑤ 토끼와 다람쥐가 그네를 탑니다.

📖 교과서 문제

2 그림에 알맞은 문장을 찾아 ○표를 하시오.

(1) 하마가 그네를 밉니다.
( )
(2) 하마가 그네를 탑니다.
( )

핵심

3 그림을 보고 빈칸에 알맞은 말을 쓰시오.

• 토끼와 다람쥐가 ( )을/를 탑니다.

서술형

4 다음 그림에 어울리게 누가, 무엇을 하는지 설명하는 문장을 만들어 쓰시오.

_____

_____

나무를 심어요

할아버지 댁에는 ♥마당이 있어요.
마당에는 작은 꽃이 있고 가끔 고양이도 놀러 와요. 그런데 어찌 된 일인지 나무는 없어요.

할아버지, 왜 마당에 나무가 한 ♥그루도 없어요?

예전에는 나무가 있었단다. 네 키보다 더 컸었지!

그 나무는 어디로 갔어요?

바람이 심하게 불던 날에 쓰러지고 말았어.

마당에 나무가 한 그루 있으면 좋겠어요. 맛있는 감이 열리는 나무요.

그래, 좋은 생각이구나! 오늘 마당에 감나무를 심자.

- 글의 내용: 할아버지 댁 마당에 나무가 없는 까닭을 궁금해하던 아이가 할아버지께 왜 나무가 없는지 물었습니다. 할아버지는 바람이 심하게 불던 날 나무가 쓰러졌다고 말씀하셨고, 아이와 할아버지는 마당에 감나무를 심기로 했습니다.

- ♥마당 집의 앞이나 뒤에 평평하게 닦아 놓은 땅.
  예 아빠가 마당을 쓸고 있습니다.

- ♥그루 식물, 특히 나무를 세는 단위.
  예 운동장에 나무 한 그루가 있습니다.

교과서 핵심

● 문장 부호의 이름을 말하고 바르게 쓰기

,	쉼표	.	마침표
?	물음표	!	느낌표

→ 문장 부호는 문장의 뜻을 돕거나 문장을 구별해 읽고 이해하기 쉽도록 하는 여러 가지 부호를 말합니다.

📖 교과서 문제

1 할아버지 댁 마당에 나무가 한 그루도 없는 까닭은 무엇입니까? ( )

① 누군가 나무를 뽑아서
② 고양이가 나무를 긁어서
③ 비가 많이 와 떠내려가서
④ 바람이 심하게 불어 쓰러져서
⑤ 할아버지께서 나무를 심지 않아서

2 남자아이는 어떤 나무가 있으면 좋겠다고 했는지 쓰시오.
( )

3 다음 문장에서 문장 부호를 **모두** 찾아 ○표를 하시오.

> 할아버지, 왜 마당에 나무가 한 그루도 없어요?

핵심

4 문장 부호와 그 이름이 알맞게 짝 지어지지 **않은** 것을 찾아 ×표를 하시오.

(1) , 쉼표 ( )

(2) . 마침표 ( )

(3) ? 물음표 ( )

(4) ! 따옴표 ( )

📖 교과서 문제

5 다음 ◯표를 한 문장 부호와 그 쓰임을 선으로 이으시오.

(1) [할아버지,] • ① 묻는 문장 끝에 쓴다.

(2) [있었단다.] • ② 느낌을 나타내는 문장 끝에 쓴다.

(3) [없어요?] • ③ 부르는 말이나 대답하는 말 뒤에 쓴다.

(4) [좋은 생각이구나!] • ④ 설명하는 문장 끝에 쓴다.

📖 교과서 문제

6 다음 문장의 끝에 들어갈 문장 부호로 알맞은 것의 기호를 쓰시오.

그 나무는 어디로 갔어요 □

ㄱ , ㄴ .

ㄷ ? ㄹ !

( )

📖 교과서 문제

7 다음 빈칸에 알맞은 문장 부호를 쓰시오.

• 그래 □ 좋은 생각이구나 □

8~9

⑦
• , □ 뒤에는 ∨를 하고 조금 쉬어 읽는다.
• . □ , ? , ! 뒤에는 ⩗를 하고,
  , 보다 조금 더 쉬어 읽는다.
• 글이 끝나는 곳에서는 ⩗를 하지 않는다.

⑭ 할아버지, ㉠ 왜 마당에 나무가 한 그루도 없어요?⩗

예전에는 나무가 있었단다. ㉡ 네 키보다 더 컸었지! ㉢

그 나무는 어디로 갔어요?⩗

바람이 심하게 불던 날에 쓰러지고 말았어.

핵심

8 ⑦를 바탕으로 ⑭를 읽을 때, ㉠에 어떤 표시를 하고 어떻게 쉬어 읽어야 하는지 알맞은 것을 두 가지 고르시오. (,)

① ∨ 표시를 한다.
② ⩗ 표시를 한다.
③ 쉬어 읽지 않는다.
④ 조금 쉬어 읽는다.
⑤ 길게 쉬어 읽는다.

9 ∨나 ⩗ 가운데 ㉡과 ㉢에 들어갈 띄어 읽기 부호를 표시하시오.

• ㉡:

• ㉢:

🐛 교과서 **핵심**

● 문장 부호와 그 쓰임 알기

쉼표(,)	부르는 말이나 대답하는 말 뒤에 씁니다.
마침표(.)	설명하는 문장 끝에 씁니다.
물음표(?)	묻는 문장 끝에 씁니다.
느낌표(!)	느낌을 나타내는 문장 끝에 씁니다.

꽃에서 나온 코끼리

글·그림: 황K(케이)

❶ 코끼리다!

손을 내밀자 톡 떨어진다.

눈을 깜빡깜빡, 귀를 팔랑팔랑, 긴 코를 살랑
아주 가볍고도 재빠르게 잇따라 행동하는 모양.
살랑 흔든다.

5 우아, 살아 있는 진짜 코끼리다!

중심 내용 코끼리가 꽃에서 나왔다.

❷ "내 필통 ♥구경할래?"

가방에서 필통을 꺼내 코끼리에게 보여 주었다.

코끼리는 신기한 듯 기웃거리더니 영차, 필통
무엇을 보려고 고개나 몸 따위를 이쪽저쪽으로 자꾸 기울이더니.
속으로 들어갔다.

중심 내용 코끼리가 내 필통 속으로 들어갔다.

- 글의 내용: 꽃보다 작은 코끼리를 만나 필통을 구경시켜 주었더니 코끼리가 필통 속으로 들어갔습니다. 꽃에서 나온 코끼리와 주인공이 만나는 상상을 하며 문장 부호에 따라 실감 나게 읽어 봅니다.

- ♥구경 흥미나 관심을 가지고 봄.
  예 주말에 부모님과 동물원 구경을 다녀왔습니다.

교과서 핵심

◦ 띄어 읽을 곳에 ∨와 ♥를 하고 문장을 알맞게 띄어 읽기 예
  눈을 깜빡깜빡,∨귀를 팔랑팔랑,∨긴 코를 살랑살랑 흔든다.♥

📖 교과서 문제

1 코끼리는 어디에서 나왔습니까? (　　)

① 손
② 꽃
③ 가방
④ 필통
⑤ 들판

📖 교과서 문제

2 '나'는 코끼리에게 무엇을 보여 주었는지 쓰시오.

(　　　　　　　　)

📖 교과서 문제

3 다음 문장에서 문장 부호를 모두 찾아 ○표를 하시오.

> 코끼리다!
> 손을 내밀자 톡 떨어진다.
> 눈을 깜빡깜빡, 귀를 팔랑팔랑, 긴 코를 살랑살랑 흔든다.

핵심

4 다음 문장에서 띄어 읽을 곳에 ∨와 ♥를 하고 문장을 알맞게 띄어 읽으시오.

> 우아, 살아 있는 진짜 코끼리다! 내 필통 구경할래?

실력 키우기 • 84~85쪽   **소단원 1. 소리 내어 문장 읽기**

● 그림에 알맞은 문장을 찾아 ○표를 해 보기

① 친구가 아이스크림을 먹습니다.
친구가 과자를 먹습니다.

② 친구가 책을 읽습니다.
친구가 (㉠) 합니다.

③ 친구가 (㉡) 찍습니다.
친구가 그림을 그립니다.

④ 친구가 전화를 합니다.
친구가 (㉢) 씁니다.

● 그림을 보고 문장을 소리 내어 읽어 보기

㉮ 여우가 두루미를 초대했습니다.
두루미야, 오늘 저녁 식사에 초대할게.
정말? 고마워!

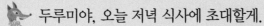
㉯ 여우는 납작한 접시에 음식을 담아 내놓았습니다. 두루미는 깜짝 놀랐습니다.
이것을 먹으라고?
두루미는 부리가 길어서 음식을 먹을 수 없었습니다.

㉰ 여우야, 오늘은 우리 집으로 놀러 올래?
두루미는 주둥이가 긴 병에 음식을 담아 내놓았습니다.
이것을 어떻게 먹는담?
여우는 군침만 꼴깍 삼켰습니다.

---

1 그림 ①에 어울리는 문장을 찾아 ○표를 하시오.

(1) 친구가 아이스크림을 먹습니다.   ( )
(2) 친구가 과자를 먹습니다.   ( )

2 ㉠, ㉡에 들어갈 말이 알맞게 짝 지어진 것은 무엇입니까?   ( )

	㉠	㉡
①	수영을	책을
②	공부를	그림을
③	청소를	도장을
④	줄넘기를	사진을
⑤	공놀이를	색종이를

3 그림 ④를 보고 ㉢에 들어갈 알맞은 말을 쓰시오.

( )

4 글 ㉮에서 저녁 식사에 초대 받은 것은 누구입니까?   ( )

① 여우   ② 기린
③ 호랑이   ④ 두루미
⑤ 코끼리

5 두루미가 음식을 먹을 수 없었던 까닭을 쓰시오.

_____

_____

실력 키우기 • 86~87쪽   소단원 2. 문장 부호에 알맞게 띄어 읽기

• 문장 부호를 바르게 따라 써 보기

두루미야,	두 루 미 야 ,
초대할게.	초 대 할 게 .
고마워!	고 마 워 !
먹으라고?	먹 으 라 고 ㉠

• 문장을 읽고 알맞은 문장 부호를 써 보기

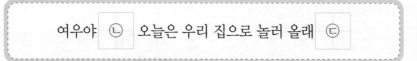

여우야 ㉡   오늘은 우리 집으로 놀러 올래 ㉢

• 문장 부호에 따라 알맞게 띄어 읽어 보기

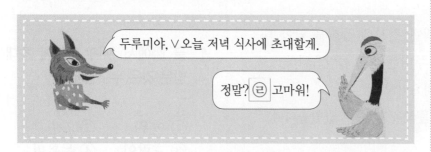

두루미야, ∨오늘 저녁 식사에 초대할게.

정말? ㉣ 고마워!

• 문장 부호에 따라 알맞게 띄어 읽을 곳을 찾아 ∨와 ≫를 표시해 보기

㉤두루미야, 지난번에 내가 준비한 음식을 먹지 못했지?
네 부리가 길어서 불편했을 것 같아.
우리 집에 납작한 그릇밖에 없었어.
다음에는 네 부리에 맞는 그릇을 준비할게.
꼭 다시 놀러 와!

6 ㉠에 들어갈 문장 부호를 바르게 쓴 것은 무엇입니까?

(   )

① ?   ② ?

③ ?   ④ ?

⑤ ?

7 ㉡과 ㉢에 들어갈 문장 부호를 알맞게 쓰시오.

(1) ㉡: 여우야 ☐

(2) ㉢: 오늘은 우리 집으로

놀러 올래 ☐

8 ㉣에 들어갈 띄어 읽기 표시로 알맞은 것을 찾아 ○표를 하시오.

(1) 정말?∨고마워. (   )
(2) 정말?≫고마워. (   )

9 ㉤을 읽고, 문장 부호에 따라 알맞게 띄어 읽을 곳을 찾아 ∨와 ≫를 표시하시오.

두루미야, 지난번에 내가 준비한 음식을 먹지 못했지?

스스로 읽기 ● 88~97쪽 **이야기를 읽어 보기**

코끼리가 꼈어요

박준희

수지 친구 코끼리야.

수지는 코끼리와 떨어진 적이 없어.

학교에 가게 되었을 때, ㉠엄마가 말했어.

"코끼리는 두고 가렴."

5 엄마는 친구들이 코끼리를 보면 놀릴 거라고 했어.

'학교 가는 길에 회오리바람을 만나면 어떡하지?'

'구불구불, 오르락내리락 길을 잃어버리면 어떡하지?'

수지는 학교에 코끼리를 데리고 갔어.

선생님을 따라 교실로 들어갔지.

10 수지는 누구와 떨어진 적이 없다고 했습니까? ( )

① 엄마　　② 아빠

③ 언니　　④ 선생님

⑤ 코끼리

11 엄마는 왜 코끼리를 두고 학교에 가라고 했습니까? ( )

① 코끼리는 교실에 들어갈 수 없어서

② 친구들이 코끼리를 보면 놀릴 거라서

③ 코끼리가 길을 잃어버릴 수도 있어서

④ 코끼리가 회오리바람에 날아갈 수도 있어서

⑤ 선생님께서 코끼리를 학교에 데리고 오지 말라고 하셔서

12 이 글을 읽을 때 ㉠에서는 어떻게 쉬어 읽어야 하는지 알맞은 것을 찾아 ○표를 하시오.

(1) 쉬어 읽지 않는다.

( )

(2) ∨를 하고 조금 쉬어 읽는다. ( )

(3) ≫를 하고 쉼표보다 조금 더 쉬어 읽는다. ( )

📖 교과서 문제

1 그림에 알맞은 문장을 골라 ○표를 하시오.

(1) ① 친구와 자전거를 탑니다. (　　)
② 친구와 그림을 그립니다. (　　)

(2) ① 할머니와 시장에 갑니다. (　　)
② 할머니와 공원에 갑니다. (　　)

📖 교과서 문제

2 문장 부호와 그 쓰임을 선으로 이으시오.

(1) `,` •

(2) `.` •

(3) `?` •

(4) `!` •

• ① 묻는 문장 끝에 쓴다.

• ② 설명하는 문장 끝에 쓴다.

• ③ 느낌을 나타내는 문장 끝에 쓴다.

• ④ 부르는 말이나 대답하는 말 뒤에 쓴다.

3 다음 그림에 알맞은 낱말에 ○표를 하시오.

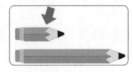

(1) 짧다. (　　)
(2) 길다. (　　)

4~6

오빠 ㉠ 학교 마치고 뭐 해 ㉡

친구랑 운동장에서 축구할 거야.

나도 같이 놀자.

그래 ㉠ 너도 축구 좋아하니 ㉡

응, 좋아해.

잘됐다 ㉢ 그럼 같이 하자.

고마워.

그럼 수업 끝나고 만나자.

4 오빠와 동생은 학교 마치고 무엇을 같이 하기로 했는지 쓰시오.

(　　　　　　　　　　)

핵심

5 ㉠과 ㉡에 들어갈 문장 부호가 바르게 짝 지어진 것은 무엇입니까? (　　)

　　㉠　　㉡　　　　　　㉠　　㉡
① 　,　　.　　　② 　.　　?
③ 　,　　?　　　④ 　,　　!
⑤ 　!　　,

서술형

6 ㉢에 들어갈 문장 부호를 쓰고, 그 문장 부호의 쓰임을 쓰시오.

(1) ㉢에 들어갈 문장 부호: (　　　　　)

(2) ㉢에 들어갈 문장 부호의 쓰임:

_____

1~2

㉠오늘 밤 나무를 심자.

㉡오늘 밤나무를 심자.

1 ㉠과 ㉡ 가운데 다음 뜻을 가진 문장을 찾아 기호를 쓰시오.

> 밤나무를 심자.

( )

2 ㉠과 ㉡을 통해 알 수 있는 것을 바르게 말한 친구를 쓰시오.

예진: 글을 천천히 읽어야 뜻이 잘 전달돼.
준수: 띄어 읽기에 따라 문장의 뜻이 달라져.
나리: 받침에 주의하며 글을 읽어야 상대방이 잘 이해할 수 있어.

( )

3 다음 그림을 보고 떠올린 문장에 맞게 빈칸에 알맞은 말을 쓰시오.

• ( ) 시원합니다.

4 다음 그림에 알맞은 문장은 무엇입니까?

( )

① 아기가 웃습니다.
② 개미가 앉습니다.
③ 개미가 기어갑니다.
④ 하늘이 파랗습니다.
⑤ 강아지가 뛰어 갑니다.

중요

5 그림을 보고 빈칸에 들어갈 알맞은 말을 차례 대로 쓰시오.

• ( )이/가 ( )이/가 되었습니다.

6 보기와 같이 물음에 답이 되는 낱말을 찾아 ○표를 하시오.

보기

친구들이 무엇을 하고 있나요?

친구들이 줄넘기를 합니다.

누나가 무엇을 하고 있나요?

누나가 수영을 합니다.

7 다음 그림에 알맞은 문장에 ○표를 하시오.

(1) 원숭이가 달립니다.(   )
(2) 원숭이가 자리에 앉습니다.
(   )

국어 활동

8 다음 그림에 알맞은 문장은 무엇입니까?
(   )

① 친구가 밥을 먹습니다.
② 친구가 빵을 먹습니다.
③ 친구가 사탕을 먹습니다.
④ 친구가 과자를 먹습니다.
⑤ 친구가 아이스크림을 먹습니다.

9~13

┌ 남자아이: 할아버지, 왜 마당에 나무가 한 그
│   루도 없어요?
㉠ 할아버지: 예전에는 나무가 있었단다. 네 키
└   보다 더 컸었지!

남자아이: 그 나무는 어디로 갔어요 ㉡

할아버지: 바람이 심하게 불던 날에 쓰러지고
    말았어.

남자아이: 마당에 나무가 한 그루 있으면 좋겠
    어요. 맛있는 감이 열리는 나무요.

할아버지: ㉢그래, 좋은 생각이구나! 오늘 마당
    에 감나무를 심자.

9 남자아이는 마당에 무엇이 있으면 좋겠다고
하였습니까? (   )

① 감   ② 공
③ 바람   ④ 의자
⑤ 나무

10 ㉠에서 문장 부호를 <u>모두</u> 찾아 ○표를 하시오.

> 남자아이: 할아버지, 왜 마당에 나무가 한 그
>   루도 없어요?
> 할아버지: 예전에는 나무가 있었단다. 네 키
>   보다 더 컸었지!

11 ㉡에 들어갈 문장 부호로 알맞은 것은 무엇입니까? (   )

① ,   ② .   ③ ?

④ !   ⑤ "

중요

12 ㉢에 쓰인 문장 부호의 이름을 각각 쓰시오.

(1) , (   )

(2) ! (   )

서술형

13 문제 12번에서 답한 문장 부호의 쓰임을 쓰시오.

(1) ,

(2) !

14 문장 부호에 따라 띄어 읽는 방법으로 알맞은 것을 **두 가지** 고르시오. (　,　)

① [，] 뒤에는 쉬어 읽지 않는다.

② [，] 뒤에는 ∨를 하고 조금 쉬어 읽는다.

③ [，] 뒤에는 ⩔를 하고 길게 쉬어 읽는다.

④ [．] , [？] , [！] 뒤에는 ⩔를 하고 쉬어 읽지 않는다.

⑤ [．] , [？] , [！] 뒤에는 ⩔를 하고 [，] 보다 조금 더 쉬어 읽는다.

---

17 ⩔를 하고 띄어 읽어야 할 곳이 어디인지 표시하시오.

> 내 필통 구경할래?
> 가방에서 필통을 꺼내 코끼리에게 보여 주었다.

서술형

18 자신이 만나고 싶은 작은 동물은 무엇이고, 그 동물과 무엇을 하고 싶은지 쓰시오.

_____

_____

15~18

> 코끼리다!
> 손을 내밀자 톡 떨어진다.
> 눈을 깜빡깜빡, 귀를 팔랑팔랑, 긴 코를 살랑살랑 흔든다.
> 우아, 살아 있는 진짜 코끼리다 ㉠
> "내 필통 구경할래?"
> 가방에서 필통을 꺼내 코끼리에게 보여 주었다.

15 '나'는 코끼리에게 무엇을 보여 주었습니까? (　)

① 눈　　② 코　　③ 귀
④ 가방　　⑤ 필통

중요

16 ㉠에 들어갈 알맞은 문장 부호를 쓰시오.

> 우아, 살아 있는 진짜 코끼리다 [　]

19~20

> 오빠, 학교 마치고 뭐 해 ㉠
> 친구랑 운동장에서 축구할 거야.
> 나도 같이 놀자.
> 그래, 너도 축구 좋아하니?
> 응 ㉡ 좋아해.
> 잘됐다! 그럼 같이 하자.

19 동생은 무엇을 좋아한다고 했는지 쓰시오.

(　　　　　　　)

20 ㉠, ㉡에 들어갈 문장 부호를 알맞게 선으로 이으시오.

(1) ㉠ •　　　　• ① [，]

(2) ㉡ •　　　　• ② [？]

● 글씨를 바르게 써 보시오.

하	늘
하	늘
하	늘

얼	음
얼	음
얼	음

모	래	성
모	래	성
모	래	성

선	생	님
선	생	님
선	생	님

코	끼	리
코	끼	리
코	끼	리

꽃
꽃
꽃

역량 비판적·창의적 사고

7

알맞은 낱말을 찾아요

무엇을 배울까요?

준비
- 배울 내용 살펴보기

소단원 1
그림에 알맞은 낱말 넣기
- 여러 가지 받침이 있는 낱말 읽고 쓰기
- 그림을 보고 낱말 찾기

소단원 2
여러 가지 문장 말하기
- 그림을 보고 문장으로 말하기
- 여러 가지 문장 완성하기

실천
- 배운 내용 마무리하기

1 하고 싶은 말을 문장으로 표현하면 좋은 점
① 자신의 생각을 상대에게 정확하게 전달할 수 있습니다.
② 전달할 내용을 상대에게 정확하게 전달할 수 있습니다.

2 여러 가지 받침이 있는 낱말 읽고 쓰기

→ '박'은 받침으로 'ㄱ'이 한 개 들어가고, '밖'은 받침으로 'ㄱ'이 두 개 들어 갑니다.
→ '박'과 '밖'은 받침이 다르고 뜻도 다르지만, 발음은 같습니다.

① '밖', '낚', '갔', '닦', '앉'의 받침 'ㄲ, ㅆ'처럼 같은 자음자가 겹쳐서 된 받 침을 '쌍받침'이라고 합니다. → '박', '낙', '갓', '닥', '앗'의 받침 'ㄱ, ㅅ'처럼 자음자 한 개로 된 받침을 '홑받침'이라고 합니다.
② 받침 'ㄲ'은 받침 'ㄱ'처럼 발음하고, 받침 'ㅆ'은 받침 'ㅅ'처럼 발음합니다.

3 그림을 보고 낱말 찾기
① 그림을 보고 어떤 상황인지, 누가 무엇을 하고 있는지 파악합니다.
② 알맞은 낱말을 넣어 그림에 어울리는 문장을 만들어 봅니다.

┌─ 무엇이 어떤 상태인지, 어떤 성격인지 등을 나타내고 싶을 때에는
│ "무엇이 어떠합니다."와 같이 표현합니다.

4 여러 가지 문장 말하기
① 무엇이 어디에 속하는지 나타내고 싶을 때에는 "무엇은 무엇입니다."와 같이 표현합니다. 예 한복은 옷입니다.
② 움직임이나 움직이는 모양을 나타낼 때에는 "누가 무엇을 합니다."와 같이 표현합니다. 예 호랑이가 춤을 춥니다.

5 여러 가지 문장 완성하기
① 문장을 완성할 때에는 '누가 했는지', '무엇을 했는지', '어떻게 했는지' 써야 합니다.
② 문장에 들어가면 좋을 내용으로는 '언제 했는지', '어디에서 했는지' 등이 있습니다.

핵심 **확인문제**

정답과 해설 ● 25쪽

1 하고 싶은 말을 ☐☐(으)로 표현하면 자신의 생각과 전달 할 내용을 상대에게 정확하게 전달할 수 있습니다.

2 받침 'ㄲ'과 받침 'ㄱ'은 발음이 서로 다릅니다.

(○ , ×)

3 그림을 보고 누가 ☐☐을/를 하고 있는지 파악한 다음, 알맞은 낱말을 넣어 그림에 어울리는 문장을 만들어 봅니다.

4 다음 설명에 해당하는 문장을 찾아 ○표를 하시오.

┌─────────────────────┐
│ 무엇이 어디에 속하는지 │
│ 나타내고 싶을 때에는 "무 │
│ 엇은 무엇입니다."와 같이 │
│ 표현합니다.   │
└─────────────────────┘

(1) 사과는 과일이다. ( )
(2) 원숭이가 사과를 먹는다.
( )

5 문장을 완성할 때에는 '누가', '무엇을', '어떻게' 했는지 써야 합니다.

(○ , ×)

● 요리할 때 일어난 일 살펴보기

• **그림 설명**: 곰이 사자의 설명을 알아듣기 어려웠던 까닭을 생각하며 하고 싶은 말을 낱말로만 말할 때 겪을 수 있는 어려움을 떠올려 볼 수 있습니다.

🦉 교과서 **핵심**

● **사자가 곰에게 설명한 방식**

| 넣으세요. | 꿀을! | 냄비에! |

• 낱말로만 표현하고 있어서 무슨 내용인지 한번에 알아듣기 어렵습니다.
• 사자는 설명하고 싶은 말을 문장으로 표현해야 곰에게 정확하게 전달할 수 있습니다.

📖 교과서 문제

1 곰이 사자를 찾아온 까닭은 무엇입니까?

( )

① 사자가 도와 달라고 부탁해서
② 사자가 요리를 해 준다고 해서
③ 사자에게 요리를 배우기 위해서
④ 사자에게 요리를 가르쳐 주기로 해서
⑤ 사자와 함께 음식을 만들어 먹고 싶어서

📖 교과서 문제

2 곰이 사자의 설명을 알아듣기 어려웠던 까닭을 두 가지 고르시오. (,)

① 사자가 낱말로만 말했기 때문에
② 사자가 어려운 말을 썼기 때문에
③ 사자의 말이 너무 빨랐기 때문에
④ 사자가 설명을 재미없게 했기 때문에
⑤ 사자가 문장으로 설명하지 않았기 때문에

📖 교과서 문제

3 그림 ❸~❺에서 사자가 곰에게 하고 싶은 말은 무엇이었을지 빈칸에 알맞은 말을 쓰시오.

• "(1) ( )을/를 (2) ( )
에 넣으세요."

핵심

4 다음 그림과 같이 하고 싶은 말을 문장으로 표현하면 좋은 점에 ○표를 하시오.

양파를 그릇에 담아 주세요.

(1) 자신의 생각을 표현하지 않아도 상대가 알아차릴 수 있습니다. ( )
(2) 자신의 생각이나 전달할 내용을 상대에게 정확하게 전달할 수 있습니다.

( )

서술형 | 📖 교과서 문제

1 다음 그림을 보고 두 글자의 받침이 어떻게 다른지 쓰시오.

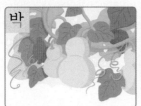 

박 밖

_____

_____

📖 교과서 문제

2 다음 문장에서 같은 자음자가 겹쳐서 된 받침이 들어간 글자를 찾아 ○표를 하시오.

(1)  나는 할아버지와 낚시하러 강에 갔다.

(2)  안경닦이로 안경을 닦았다.

핵심

3 다음 글자에 대한 설명으로 알맞지 않은 것은 무엇입니까? ( )

묶다   찼다

① 받침 'ㄲ'은 받침 'ㄱ'처럼 발음한다.
② '찼다'의 '찼'과 '찻'은 받침과 소리가 다르다.
③ '무' 아래에 받침으로 'ㄲ'을 넣으면 '묶'이 된다.
④ '차' 아래에 받침으로 'ㅆ'을 넣으면 '찼'이 된다.
⑤ '묶', '찼'의 받침처럼 같은 자음자가 겹쳐서 된 받침을 쌍받침이라고 한다.

📖 교과서 문제

4 보기 에서 알맞은 글자를 골라 빈칸에 쓰고 낱말을 완성하시오.

보기

볶 묶 깎 닭

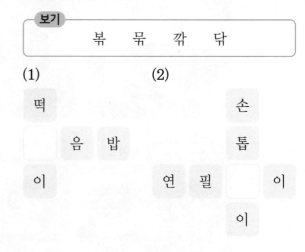

(1) 떡 □ 이 / □ 음밥

(2) 손톱 / 연필 □ 이 / □ 이

📖 교과서 문제

5 받침이 있는 낱말을 따라 쓰시오.

(1)  이를 닦 다.

(2) 리본을 묶 다.

(3) 학교에 갔 다.

(4)  물건을 샀 다.

🐛 **교과서 핵심**

● 쌍받침이 들어간 낱말 읽고 쓰기

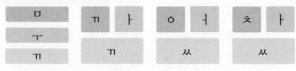

ㅁ	ㄲ ㅏ	ㅇ ㅓ	ㅊ ㅏ
ㅜ			
ㄲ	ㄲ	ㅆ	ㅆ

• '묶', '깎', '었', '찼'의 받침 'ㄲ, ㅆ'처럼 같은 자음자가 겹쳐서 된 받침을 쌍받침이라고 합니다.
• 받침 'ㄲ'은 받침 'ㄱ'처럼 발음하고, 받침 'ㅆ'은 받침 'ㅅ'처럼 발음합니다.

● 그림을 보고 낱말을 써 보기

• **그림 설명**: 여러 동물들이 다양한 운동을 하는 모습을 보면서, 알맞은 낱말을 넣어 누가 무엇을 하고 있는지 문장으로 말해 볼 수 있습니다.

교과서 핵심

◎ 누가 무엇을 하고 있는지 말해 보기

누가	무엇을	합니다.
ㅣ	ㅣ	ㅣ
원숭이가	달리기를	합니다.
강아지가	줄넘기를	합니다.
여우가	자전거를	탑니다.

1 그림에 대한 설명으로 알맞지 <u>않은</u> 것은 무엇입니까? ( )

① 강아지가 줄넘기를 하고 있다.
② 동물들이 모여서 운동을 하고 있다.
③ 호랑이와 원숭이는 즐거운 표정을 짓고 있다.
④ 원숭이와 여우는 서로 같은 방향으로 가고 있다.
⑤ 곰은 공을 던지고 사슴은 공을 칠 준비를 하고 있다.

📖 교과서 문제

2 다음 그림에 어울리는 낱말을 골라 선으로 이으시오.

(1)  •

(2)  •

(3)  •

• ① 야구

• ② 자전거

• ③ 줄넘기

핵심

📖 교과서 문제

3 빈칸에 알맞은 낱말을 **보기** 에서 골라 문장을 완성하시오.

보기

연   달리기   호랑이   타요

(1)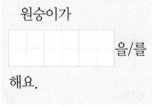
원숭이가 ☐☐☐ 을/를 해요.

(2)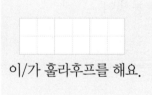
☐☐☐ 이/가 훌라후프를 해요.

(3)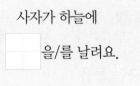
사자가 하늘에 ☐ 을/를 날려요.

(4)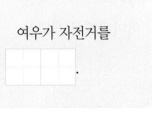
여우가 자전거를 ☐☐ .

● **보기** 에서 알맞은 낱말을 골라 그림에 어울리는 문장을 만들어 보기 → 누가 무엇을 하고 있는지 문장으로 만들어 봅니다.

보기

| 해가 | 참새가 | 배가 | 나는 |

- _____ 떴습니다.
- _____ 기지개를 켭니다.
- ___㉠___ 날아갑니다.
- _____ 지나갑니다.

보기

이를   문을

• 나는 _____ 닦습니다.
• 동생이 _____ 두드립니다.

보기

닦습니다   마십니다   깎습니다

• 나는 물을 _____.
• 아버지께서 사과를 _____.
• 어머니께서 식탁을 _____.

4 그림 ❶을 설명하는 문장으로 알맞지 <u>않은</u> 것은 무엇입니까? ( )

① 책상에 책이 놓여 있다.
② 창밖으로 바다가 보인다.
③ 창틀에 화분이 놓여 있다.
④ 아이가 침대에서 자고 있다.
⑤ 창밖으로 해가 밝게 비친다.

【핵심】 📖 교과서 문제
5 그림 ❶에 어울리는 문장을 만들 때 ㉠에 알맞은 말은 무엇입니까? ( )

① 해가   ② 배가
③ 나는   ④ 바다가
⑤ 참새가

6 그림 ❷에서 일어난 일을 설명하는 내용으로 가장 알맞은 것은 무엇입니까? ( )

① 내가 이를 닦는데 동생이 내 등을 두드렸다.
② 내가 동생이랑 숨바꼭질을 하다가 화장실에 숨었다.
③ 내가 아침에 일어나 세수를 하는데 동생이 문을 두드렸다.
④ 내가 이를 닦는데 동생이 화장실 문을 살짝 열고 두드렸다.
⑤ 나는 이를 닦는 것을 좋아하고, 동생은 나랑 노는 것을 좋아한다.

📖 교과서 문제
7 【보기】에서 알맞은 낱말을 골라 그림 ❷에 어울리는 문장을 완성하시오.

┌─ 보기 ─────────────────┐
│   이를   문을   │
└────────────────────────┘

(1) 나는 (   ) 닦습니다.
(2) 동생이 (   ) 두드립니다.

【핵심】
8 그림 ❸에 어울리지 <u>않는</u> 문장을 찾아 번호를 쓰고, 찾은 문장의 밑줄 그은 부분을 알맞게 고치시오.

┌────────────────────────┐
│ ① 아버지께서 사과를 <u>깎습니다</u>.   │
│ ② 어머니께서 식탁을 <u>만듭니다</u>.   │
└────────────────────────┘

(1) 어울리지 않는 문장: (   )
(2) 바르게 고치기: (   )

【서술형】
9 그림 ❸에서 아이는 물을 어떻게 하고 있는지 보고, 그림과 어울리는 문장을 만들어 쓰시오.

_____

_____

소단원 2

● 그림을 보고 문장으로 말해 보기

가

나

다

라

● 그림 설명: 한복, 복숭아, 장미, 오리 그림을 보고, 그림에 알맞은 문장을 만드는 연습을 할 수 있습니다.

교과서 핵심

● 그림을 보고 문장으로 말하기

무엇이	무엇입니다.
│	│
한복은	옷입니다.

→ 무엇이 무엇에 포함되는지 나타낼 때에는 "무엇은 무엇입니다."와 같이 표현합니다.

서술형

1 그림 가 ~ 라를 보고 어울리는 문장을 하나 만들어 쓰시오.

_____

_____

📖 교과서 문제

2 그림 가 ~ 라에 알맞은 낱말을 골라 선으로 이으시오.

(1) ・   ・① 꽃

(2) ・   ・② 동물

(3)  ・   ・③ 과일

(4) ・   ・④ 옷

핵심   📖 교과서 문제

3 그림 가 ~ 라를 보고 무엇이 무엇에 포함되는지 생각하며 보기 와 같이 문장을 완성하시오.

보기

한복은 옷입니다.

(1) 복숭아는 (   )입니다.

(2) (   ) 꽃입니다.

(3) (   ) 동물입니다.

역량

4 그림 라를 보고 문장을 완성하려고 합니다. 빈칸에 어울리지 <u>않는</u> 말은 무엇입니까?

(   )

오리는 _____.

① 작습니다
② 옷입니다
③ 귀엽습니다
④ 하얗습니다
⑤ 동물입니다

● 그림을 보고 문장으로 표현해 보기

・그림 설명: 원숭이, 토끼, 호랑이, 곰이 모여 생일잔치를 즐기고 있습니다. 동물들이 무엇을 하고 있는지 살펴서 그림의 내용을 문장으로 표현해 볼 수 있습니다.

교과서 핵심

● 그림을 보고 문장으로 표현하기

누가	무엇을	합니다.
토끼가	딸기를	먹습니다.

➡ 움직임이나 움직이는 모습을 나타낼 때에는 "누가 무엇을 합니다."와 같이 표현합니다.

📖 교과서 문제

5 그림에 대한 설명으로 알맞지 <u>않은</u> 것은 무엇입니까? ( )

① 즐거운 분위기이다.
② 곰이 마이크를 들고 있다.
③ 호랑이가 케이크를 먹고 있다.
④ 토끼가 고깔모자를 쓰고 있다.
⑤ 토끼, 원숭이, 곰, 호랑이가 모여 있다.

📖 교과서 문제

6 동물들이 무엇을 하는지 알맞게 설명한 것은 무엇입니까? ( )

① 토끼가 춤을 추고 있다.
② 곰이 노래를 부르고 있다.
③ 호랑이가 선물을 만들고 있다.
④ 원숭이가 기타를 연주하고 있다.
⑤ 동물들이 모여 운동회를 하고 있다.

📖 교과서 문제

7 다음 물음에 해당하는 동물을 보기 에서 찾아 쓰시오.

보기
원숭이   토끼   호랑이   곰

(1) 누가 딸기를 먹나요? (   )
(2) 누가 피아노를 치나요? (   )
(3) 누가 노래를 부르나요? (   )

핵심   📖 교과서 문제

8 그림을 보고 빈칸에 알맞은 말을 넣어 누가 무엇을 하는지 문장을 완성하시오.

(1) 토끼가 (   ) 먹습니다.
(2) 원숭이가 (   ) 칩니다.
(3) 곰이 노래를 (   ).
(4) 호랑이가 춤을 (   ).

소단원 2 ⚬⚬------------------⟨ 여러 가지 문장 완성하기

도서관 고양이

글: 최지혜, 그림: 김소라

❶ 아이들이 ♥뒹굴뒹굴 키득키득 그림책을 들여다
보고 있더라.
  참다못하여 입속에서 자꾸 새어 나오는 웃음소리.

재미있나? 궁금해졌어.

중심 내용 고양이는 아이들이 읽고 있는 책이 재미있는지 궁금해졌다.

❷ 우아, 그림책이 이렇게 많다니!

눈은 ♥휘둥그레, 귀는 ♥쫑긋, 한눈에 반하고야
말았어.

어느새 꼬리도 하늘 높이 번쩍 솟아올랐지.
  몸의 한 부분을 갑자기 위로 높이 들어 올리는 모양.

나는 그만 그림책에 푹 빠져서 매일 밤 신기한
여행을 떠났어.

중심 내용 고양이는 그림책을 보며 신기한 여행을 떠났다.

• 글의 내용: 도서관에 간 고양이가 그림책에 푹 빠져서 매일 밤 신
기한 여행을 떠나는 이야기입니다.

♥뒹굴뒹굴 누워서 자꾸 이리저리 구르는 모양.

♥휘둥그레 놀라거나 두려워서 눈이 크고 동그랗게 되는 모양.

♥쫑긋 입술이나 귀 따위를 빳빳하게 세우거나 뾰족이 내미는 모양.

교과서 핵심

○ 이야기 속 장면을 문장으로 쓰기 예
• 고양이가 책을 봅니다.

📖 교과서 문제

1 고양이는 아이들을 보면서 무엇이 궁금해졌
습니까? ( )

① 그림책을 읽는 방법이 궁금해졌다.
② 누가 그림책을 지었는지 궁금해졌다.
③ 도서관에 어떻게 가는지 궁금해졌다.
④ 아이들이 뒹굴뒹굴하는 까닭이 궁금해
졌다.
⑤ 아이들이 읽고 있는 책이 재미있는지
궁금해졌다.

📖 교과서 문제

3 고양이는 그림책에 푹 빠져서 무엇을 했습니
까? ( )

① 그림책을 직접 만들었다.
② 그림책의 내용을 모두 외웠다.
③ 그림책의 주인공처럼 행동하였다.
④ 여행을 떠나 전 세계의 그림책을 모두
읽었다.
⑤ 매일 밤 책을 읽으며 상상 속에서 신기
한 여행을 떠났다.

2 다음 뜻을 가진 낱말에 ○표를 하시오.

> 놀라거나 두려워서 눈이 크고 동그랗게 되
> 는 모양.

뒹굴뒹굴   휘둥그레   키득키득

핵심

📖 교과서 문제

4 빈칸에 알맞은 말을 넣어 그림에 어울리는 문
장을 완성하시오.

_____ 책을
봅니다.

❸ 첫째 날에는 기차 여행을 했어.

♥끝없는 다리를 건너서 ♥눈보라를 ♥헤치고 우주 끝까지!

하루는 바닷속 여행을 했어. 용왕님이 나를 초대했거든.

물 따위 무섭지 않아. 왜냐하면 나는 용감한 고양이니까!

[중심 내용] 고양이는 책을 읽으며 기차 여행과 바닷속 여행을 했다.

❹ 너도 같이 놀래? 기다리고 있을게!

[중심 내용] 그림책을 읽으며 같이 상상 여행을 하자.

♥끝없는 끝나는 데가 없거나 제한이 없는.

♥눈보라 바람에 불리어 휘몰아쳐 날리는 눈.

♥헤치고 앞에 걸리는 것을 좌우로 물리치고.

🐌 교과서 **핵심**

○ **이야기 속 장면을 문장으로 쓰기** 예

• 친구들이 기차를 탔습니다.

• 고양이가 헤엄을 칩니다.

📖 교과서 문제

5 고양이가 같이 놀자고 한 까닭은 무엇입니까? ( )

① 혼자 놀기 지루해서

② 그림책 여행이 재미있어서

③ 친구를 많이 사귀고 싶어서

④ 그림책을 혼자만 읽고 싶어서

⑤ 고양이에 대해 알려 주고 싶어서

[핵심]

📖 교과서 문제

6 보기 의 말을 넣어 그림에 어울리도록 문장을 완성하시오.

┌─ 보기 ─────────────────┐
│   헤엄을   탑니다   │
└──────────────────────┘

(1) 고양이가 _____ 칩니다.

(2) 친구들이 기차를 _____ .

📖 교과서 문제

7 낱말의 알맞은 뜻을 찾아 선으로 이으시오.

(1) | 번쩍 | • • ① | 용기가 있으며 씩씩하고 기운찬.

(2) | 용감한 | • • ② | 몸의 한 부분을 갑자기 위로 높이 들어 올리는 모양.

[서술형]

8 도서관에서 빌린 책 가운데에서 가장 재미있게 읽었던 책의 제목을 쓰고, 어떤 점이 재미있었는지 쓰시오.

저는 ( )을/를 재미있게 읽었습니다. _____

_____이/가 재미있었습니다.

소단원 1. 그림에 알맞은 낱말 넣기

● 보기 를 활용해 그림에 알맞은 문장을 만들어 보기

①

보기
옆에
안에
걸려
놓여

● 사과는 바구니 __⑦__ 있습니다.
● 옷걸이는 침대 __ⓒ__ 있습니다.
● 모자는 옷걸이에 __ⓒ__ 있습니다.
● 베개는 침대 위에 __ⓒ__ 있습니다.

②

보기
땁니다
있습니다
뛰어다닙니다
자릅니다

● 우리는 원두막에 __⑩__ .
● 아빠는 수박을 __ⓑ__ .
● 강아지는 수박밭을 __ⓘ__ .
● 엄마는 수박을 __ⓞ__ .

1 그림 ❶에서 보이지 않는 것은 무엇입니까? ( )
① 침대　　② 책장
③ 모자　　④ 사과
⑤ 옷걸이

2 ⑦~ⓒ에 들어갈 알맞은 말을 보기 에서 찾아 쓰시오.
(1) ⑦: ( )
(2) ⓒ: ( )
(3) ⓒ: ( )
(4) ⓒ: ( )

3 그림 ❷에서 아이들은 무엇을 하고 있습니까? ( )
① 수박을 먹고 있다.
② 수박을 따고 있다.
③ 수박을 자르고 있다.
④ 수박밭을 뛰어다니고 있다.
⑤ 원두막에서 낮잠을 자고 있다.

4 ⑩~ⓞ에 들어갈 알맞은 말을 보기 에서 찾아 쓰시오.
(1) ⑩: ( )
(2) ⓑ: ( )
(3) ⓘ: ( )
(4) ⓞ: ( )

실력 키우기 ● 102~103쪽 **소단원 2. 여러 가지 문장 말하기**

● 그림을 보고 빈칸에 알맞은 내용을 써 보기

⑦

• 새가 ____㉠____ 위에 앉아 있습니다.

• ____㉡____ 이/가 바람에 날아갑니다.

• 안경 쓴 아이가 ____㉢____을/를 들고 있습니다.

• 할아버지와 강아지가 ____㉣____.

5 그림에 알맞은 말을 **보기** 에서 찾아 쓰시오.

보기

기침   바람

(1)

마스크를 쓴 아이가
_____을/를 합
니다.

(2)

모자가 _____에
날아갑니다.

6 ⑦에 어울리는 문장을 만들 때 빈칸에 들어갈 알맞은 말은 무엇입니까?   (   )

친구들이 공놀이를
(   ).

① 놉니다   ② 삽니다
③ 합니다   ④ 먹습니다
⑤ 줍습니다

7 ㉠~㉣에 들어갈 알맞은 말을 쓰시오.

(1) ㉠: (   )
(2) ㉡: (   )
(3) ㉢: (   )
(4) ㉣: (   )

호랑이와 곶감

 어흥! 배가 고프네. 먹을 것을 구하러 마을로 내려가 볼까?

 으앙!

 우리 아가, 오늘따라 왜 이렇게 울기만 할까?

 옳지. 저기 불이 켜진 집이 있구나. 저 집으로 가야겠다.

 으앙! 으앙!

 아가야, 배가 고프니? 엄마가 밥을 차려 줄까?

 으앙! 으앙!

 아가야, 머리가 아프니? 엄마가 약을 줄까?

 으앙! 으앙!

 배가 고픈 것도 아니고, 머리가 아픈 것도 아닌데. 왜 이리 울까? 아가야, 그만 울거라.

 으앙! 으앙!

 아가야, 이렇게 계속 울면 늑대가 찾아온단다. 저기 늑대가 온다! 뚝 그쳐라, 뚝!

 으앙! 으앙!

 아가야, 이번엔 호랑이가 찾아오는구나. 저기 호랑이가 온다! 뚝 그쳐라, 뚝!

 흥, 내가 왔다는데 설마 계속 울겠어?

 으앙! 으앙!

 어디 보자. 여기 곶감이다, 곶감! 뚝 그쳐라, 뚝!

 아니, 곶감 얘기에 울음을 뚝 그치는구나. 어이쿠, 나보다 무서운 곶감이라는 놈이 왔나 보다. 얼른 도망가야겠다. ㉠걸음아, 날 살려라!

중심 내용 늑대나 호랑이가 온다고 해도 울음을 그치지 않던 아가가 곶감 얘기에 울음을 그쳤다. 이에 호랑이는 곶감이 제일 무서운 것이라고 생각했다.

8 호랑이가 마을로 내려간 까닭은 무엇입니까?   (   )

① 곶감을 먹으려고
② 늑대를 만나려고
③ 먹을 것을 구하려고
④ 새로 살 곳을 알아보려고
⑤ 사람들이 사는 모습을 보려고

9 아가가 울음을 그친 까닭은 무엇인지 빈칸에 알맞은 말을 쓰시오.

• 아가는 엄마가 (   ) 얘기를 하자 울음을 뚝 그쳤다.

10 호랑이가 도망간 까닭은 무엇인지 두 가지 고르시오.
                    (,   )

① 곶감이 무서워서
② 아가가 계속 울어서
③ 사람들한테 들킬까 봐
④ 아무도 자기를 무서워하지 않아서
⑤ 자기보다 무서운 곶감이 온 줄 알고

11 ㉠ '걸음'을 소리 나는 대로 정확하게 쓰시오.

[   ]

1~2

역량

1 그림을 보고 누가 무엇을 하는지 표현한 문장이 알맞지 <u>않은</u> 것은 무엇입니까? ( )

① 여우가 차를 마십니다.
② 토끼가 신문을 봅니다.
③ 생쥐가 요리를 합니다.
④ 곰이 재채기를 합니다.
⑤ 부엉이가 집으로 날아갑니다.

핵심

2 보기 의 말을 넣어 다음 질문에 대한 답을 문장으로 쓰시오.

| 자전거는 어디에 있나요? |

보기
| 자전거는   있습니다   4층 창고에 |

| | | | | | . |

📖 교과서 문제

3 보기 의 말을 넣어 문장을 완성하시오.

보기
| 탔습니다   낚시를   닦았습니다 |

(1) 아버지께서 _____ 하십니다.
(2) 나는 어머니와 함께 버스를

_____.
(3) 나는 이를 깨끗하게 _____.

📖 교과서 문제

4 서로 어울리는 낱말을 선으로 이으시오.

(1) 바지 •   • ① 신다

(2) 양말 •   • ② 입다

(3) 모자 •   • ③ 쓰다

📖 교과서 문제

5 빈칸에 들어갈 알맞은 낱말을 보기 에서 골라 문장을 완성하시오.

보기
| 끼다   입다   묶다   쓰다 |

(1) 옷을 ( ).
(2) 반지를 ( ).
(3) 우산을 ( ).
(4) 신발 끈을 ( ).

7. 알맞은 낱말을 찾아요 **183**

1~3

1 사자가 하고 싶은 말을 문장으로 표현할 때 알맞은 것은 무엇입니까? ( )

① 꿀을 넣으세요.
② 냄비에 넣으세요.
③ 꿀과 냄비를 넣으세요.
④ 꿀을 냄비에 넣으세요.
⑤ 꿀을 어디에 넣으세요.

2 사자의 말을 들은 곰이 생각한 내용은 무엇입니까? ( )

① 요리를 하는 것이 재미있다.
② 사자의 설명을 알아듣기 어렵다.
③ 사자가 쉽게 알려 주어서 고맙다.
④ 사자에게 계속 요리를 배우고 싶다.
⑤ 사자가 친절하게 설명해 주어서 좋다.

중요
3 사자에게 해 줄 수 있는 조언으로 알맞은 것을 골라 ○표를 하시오.

(1) 하고 싶은 말을 문장으로 표현해야 정확하게 전달할 수 있어. ( )
(2) 하고 싶은 말을 정확한 낱말로 표현해야 상대가 이해할 수 있어. ( )

4 '박'과 '밖'의 받침을 설명한 내용으로 알맞은 것의 기호를 쓰시오.

㉠ '박'의 받침 'ㄱ'과 '밖'의 받침 'ㄲ'은 서로 다르게 읽는다.
㉡ '박'은 받침으로 'ㄱ'이 한 개 들어가고, '밖'은 받침으로 'ㄱ'이 두 개 들어간다.

( )

5 다음 낱말을 완성하기 위해 빈칸에 공통으로 들어갈 글자를 쓰시오.

• 손 톱 ☐ 이
• 연 필 ☐ 이

( )

6 오른쪽 그림을 보고 누가 무엇을 하고 있는지 알맞게 말한 것은 무엇입니까? ( )

① 강아지의 귀가 크다.
② 강아지의 키가 작다.
③ 강아지가 줄넘기를 한다.
④ 강아지가 달리기를 한다.
⑤ 강아지가 줄넘기를 좋아한다.

중요
7 그림에 어울리는 문장을 만들 때, 빈칸에 들어갈 알맞은 말은 무엇입니까? ( )

나는 물을
( ).

① 기릅니다
② 깎습니다
③ 떴습니다
④ 버립니다
⑤ 마십니다

8 빈칸에 알맞은 낱말을 넣어 그림에 어울리는 문장을 완성하시오.

여우가 [   ]

을/를 탑니다.

9 다음 그림의 내용을 문장으로 표현했습니다. 빈칸에 알맞은 말을 쓰시오.

• 내가 (   ) 닦는데 동생이 (   ) 두드립니다.

국어 활동   서술형

10 다음 그림에서 누가 무엇을 하는지 문장으로 쓰시오.

_____

_____

11 빈칸에 들어갈 말로 알맞은 것은 무엇입니까? (   )

장미는 (   )입니다.

① 옷   ② 꽃
③ 동물   ④ 과일
⑤ 학용품

12~13

12 그림을 보고 문장으로 표현한 것으로 알맞지 <u>않은</u> 것은 무엇입니까? (   )

① 호랑이가 춤을 춥니다.
② 토끼가 딸기를 먹습니다.
③ 원숭이가 피아노를 칩니다.
④ 곰이 케이크를 가져옵니다.
⑤ 동물들이 생일잔치를 합니다.

실력 UP

13 곰이 무엇을 하는지 문장으로 표현할 때 필요한 말을 보기 에서 모두 찾아 ○표를 하고, 문장을 완성하시오.

보기

| 피아노를 | 노래를 | 칩니다 |
| 먹습니다 | 부릅니다 | 춤을 |

• 곰이 _____.

국어 활동

14 그림에 알맞은 문장을 만들기 위해 빈칸에 들어갈 말을 두 가지 고르시오. (,   )

할아버지와 강아지가
_____.

① 날아갑니다   ② 산책을 합니다
③ 앉아 있습니다   ④ 들고 있습니다
⑤ 걷고 있습니다

15~18

> 아이들이 뒹굴뒹굴 키득키득 그림책을 들여다보고 있더라.
>
> 재미있나? 궁금해졌어.
>
> 우아, 그림책이 이렇게 많다니!
>
> 눈은 휘둥그레, 귀는 쫑긋, 한눈에 반하고야 말았어.
>
> 어느새 꼬리도 하늘 높이 번쩍 솟아올랐지.
>
> 나는 그만 그림책에 푹 빠져서 매일 밤 신기한 여행을 떠났어.
>
> 첫째 날에는 기차 여행을 했어.
>
> 끝없는 다리를 건너서 눈보라를 헤치고 우주 끝까지!
>
> 하루는 바닷속 여행을 했어. 용왕님이 나를 초대했거든.
>
> 물 따위 무섭지 않아. 왜냐하면 나는 용감한 고양이니까!

15 고양이에게 일어난 일은 무엇인지 두 가지 고르시오. (,)

① 수영을 배웠다.
② 그림책에 푹 빠졌다.
③ 기차를 타고 친구를 만나러 갔다.
④ 아이들에게 그림책을 읽어 주었다.
⑤ 책을 읽는 아이들을 보고 책에 흥미가 생겼다.

중요
16 ㉠에 어울리는 문장으로 알맞지 <u>않은</u> 것은 무엇입니까? ( )

① 강아지가 기차를 타고 있다.
② 고양이가 기차를 타고 있다.
③ 강아지가 모자를 쓰고 있다.
④ 고양이가 강아지를 보고 있다.
⑤ 고양이와 강아지가 손을 흔들고 있다.

중요
17 보기 의 말을 모두 사용해서 다음 그림에 어울리는 문장을 쓰시오.

> 보기
>
> 책을   바라봅니다   고양이가

( ).

서술형
18 도서관에 갔던 경험을 문장으로 쓰시오.

＿＿＿＿＿＿＿＿＿＿＿＿＿＿＿＿＿＿

＿＿＿＿＿＿＿＿＿＿＿＿＿＿＿＿＿＿

19 빈칸에 들어갈 알맞은 낱말을 두 가지 고르시오. (,)

> 토끼가 신문을
> ( ).

① 합니다   ② 봅니다
③ 엽니다   ④ 마십니다
⑤ 읽습니다

20 서로 어울리는 낱말을 선으로 이으시오.

(1) 반지 •   • ① 끼다

(2) 옷 •   • ② 묶다

(3) 우산 •   • ③ 입다

(4) 신발 끈 •   • ④ 쓰다

● 글씨를 바르게 써 보시오.

기	지	개
기	지	개
기	지	개

복	숭	아
복	숭	아
복	숭	아

노	래
노	래
노	래

도	서	관
도	서	관
도	서	관

신	기	한
신	기	한
신	기	한

꼬	리
꼬	리
꼬	리

한글 ㄴ 라에 오신 여러분을 환영합니다!

자음, 모음 범인을 찾아라!
한글 나라에 자음, 모음 범인이 나타났어요.
모두들 함께 힘을 합쳐 문제를 풀며 자음, 모음 범인을 찾아보아요.

1 'ㅏ, ㅑ, ㅓ, ㅕ, ㅗ, ㅛ, ㅜ, ㅠ, ㅡ, ㅣ'의 모양을 가진 글자를 무엇이라고 합니까? ( )

① 도형	② 그림	③ 자음자	④ 모음자

2 'ㅅ'에서 선을 더하거나 같은 글자를 겹쳐 만든 자음자가 <u>아닌</u> 것은 무엇입니까? ( )

① ㅈ	② ㅊ	③ ㅋ	④ ㅆ

3 '계단'에 쓰인 모음자 'ㅖ'가 들어간 낱말이 <u>아닌</u> 것은 무엇입니까? ( )

① 그네	② 시계	③ 차례	④ 예의

4 '구름'과 '미끄럼틀'에서 공통적으로 찾을 수 있는 자음자 <u>두 가지</u>는 무엇입니까? ( )

① ㄱ, ㄹ	② ㄱ, ㅁ	③ ㄹ, ㅁ	④ ㄹ, ㅌ

5 '까투리'에 들어 있는 자음자와 모음자의 개수가 바르게 짝 지어진 것은 무엇입니까? ( )

① 2개 - 3개	② 2개 - 4개	③ 3개 - 3개	④ 3개 - 4개

6 자음자 'ㅅ, ㅊ'과 모음자 'ㅏ, ㅗ'로 만들 수 있는 글자가 <u>아닌</u> 것은 무엇입니까? ( )

① 사	② 소	③ 초	④ 추

앞에서 얻은 단서를 바탕으로 직접 몽타주를 그려 보세요.

★ 범인의 모습은 정답과 해설 29쪽에서 확인할 수 있습니다. 몽타주를 그린 후, 실제 범인의 모습과 비교해 보세요.

• **죄명:** 한글 나라의 자음 ㄴ과 모음 ㅏ를 들고 달아남.

※『한끝 초등 국어』는 다음 저작물의 교과서 수록 부분을 재인용하여 만들었습니다.

국어

단원	제재 이름	지은이	나온 곳	한끝 쪽수
한글 놀이	동물의 이름을 생각하며 모음자 따라 읽기 (원제목: 「숨바꼭질 ㅏㅑㅓㅕ」)	김재영	『숨바꼭질 ㅏㅑㅓㅕ』, 현북스, 2020.	24쪽
1	「나무야」	강소천	『나무야 누워서 자거라』, ㈜예림당, 1990.	60쪽
2	「오리」	권태응	『감자꽃』, ㈜창비, 2014.	94쪽
3	「다리」	최승호	『최승호 시인의 말놀이 동시집 1 — 모음 —』, ㈜비룡소, 2020.	103쪽
3	「구름 놀이」	한태희 글·그림	『구름 놀이』, 아이세움, 2004.	107쪽
4	「맛있는 건 맛있어」	김양미 글, 김효은 그림	『맛있는 건 맛있어』, 시공주니어, 2019.	122쪽
4	「학교 가는 길」	이보나 흐미엘레프스카 글·그림, 이지원 옮김	『학교 가는 길』, 도서출판 논장, 2011.	126쪽
5	「모두 모두 안녕!」	윤여림 글, 배현주 그림	『모두 모두 안녕!』, 웅진주니어, 2013.	137쪽
5	「저녁 인사」	최명란 글, 박현영 그림	『우리는 분명 연결된 거다』, ㈜창비, 2018.	141쪽
5	「안녕」	박화목 작사, 외국곡	『어린이 명품 동요 100곡 1』, 태광음반, 1982.	141쪽
6	「꽃에서 나온 코끼리」	황K(케이) 글·그림	『꽃에서 나온 코끼리』, ㈜책읽는곰, 2016.	160쪽
7	「도서관 고양이」	최지혜 글, 김소라 그림	『도서관 고양이』, 한울림어린이, 2020.	178쪽
7	마무리하기 (원제목: 「모두 모두 한집에 살아요」)	마리안느 뒤비크	『모두 모두 한집에 살아요』, 고래뱃속, 2020.	183쪽

교과서에 실린 작품

※『한끝 초등 국어』는 다음 저작물의 교과서 수록 부분을 재인용하여 만들었습니다.

국어 활동

단원	제재 이름	지은이	나온 곳	한끝 쪽수
2	「가나다 글자 놀이」	이상교	『가나다 글자 놀이』, ㈜교원, 2011.	92쪽
4	「꼭 잡아!」	이혜경	『꼭 잡아!』, 여우고개, 2007.	129쪽
6	「코끼리가 꼈어요」	박준희	『코끼리가 꼈어요』, 책고래, 2018.	163쪽

MEMO

한끝

정답과 해설

1·1

초등 국어

한글 놀이 한글 놀이를 하며 글자 익히기

글자 놀이	글자 문제	17쪽

1 ③ **2** (3) ○ **3** ②, ④
4 ② **5** ④ **6** ②
7 ③ **8** ④

1 토토는 사람이 달려가는 모습을 한 비상구 모양을 생각하고 있습니다.

2 (1)은 파인 부분의 깊이가 다르고, (2)는 두 화살표의 방향이 다릅니다.

3 ②는 '아', ④는 '구'라는 글자입니다.

4 '오리'와 모양이 같은 글자는 ② '오리'입니다.

5 ㉠ '양'은 소리마디 수가 한 개이고, ④ '쥐' 역시 소리마디 수가 한 개입니다.

6 그림에서 이름의 소리마디 수가 세 개인 동물은 '호랑이'와 '고양이'입니다.

> **정답 친해지기** · 그림에서 이름의 소리마디 수가 한 개인 동물: 양, 쥐
> · 그림에서 이름의 소리마디 수가 두 개인 동물: 사자, 사슴

7 '나비'는 '나'로 시작하는 낱말입니다. ③ '나무' 역시 '나'로 시작하는 낱말에 해당합니다.

8 앞말인 '미끄럼틀'의 끝 소리는 '틀'이고, 뒷말인 '지우개'의 처음 소리는 '지'이므로 두 개의 낱말은 소리가 이어지지 않습니다.

모음자 놀이	모음자 문제	23~24쪽

1 ① **2** ㅑ **3** ×
4 ② **5** ④ **6** ㅠ
7 ㅏ, ㅑ, ㅓ, ㅕ, ㅗ, ㅛ, ㅜ, ㅠ, ㅡ, ㅣ
8 ④ **9** ⑤
10 (1) ② (2) ③ (3) ① **11** ㅠ, ㅑ

1 '하'에서 찾을 수 있는 모음자는 'ㅏ'입니다.

2 '야구'에는 모음자 'ㅑ'와 'ㅜ'가, '이야기'에는 모음자 'ㅣ'와 'ㅑ'가 쓰였습니다. 따라서 두 낱말에서 공통적으로 쓰인 모음자는 'ㅑ'입니다.

3 모음자 'ㅕ'는 ② → ③ → ① 순으로 써야 합니다.

> **정답 친해지기** 모음자 쓰는 순서
>

4 '모기'와 '포도'에 공통적으로 들어간 모음자는 'ㅗ'입니다. '모기'에는 'ㅗ'가 한 개, '포도'에는 'ㅗ'가 두 개 쓰였습니다.

5 그림의 이름은 '휴지'입니다. '휴지'에서는 모음 'ㅠ'와 'ㅣ'를 찾을 수 있습니다.

6 그림 속 친구는 모음 'ㅠ'를 몸으로 표현하고 있습니다.

7 이 그림에는 모음자 'ㅏ, ㅑ, ㅓ, ㅕ, ㅗ, ㅛ, ㅜ, ㅠ, ㅡ, ㅣ'가 있습니다.

8 ㉤은 '스컹크'입니다. 스컹크의 몸에는 모음자 'ㅡ'가 쓰여 있습니다.

9 친구는 모음자 'ㅣ'를 떠올리고 있으며, 이 모음자의 이름은 '이'입니다.

10 토토는 몸으로 모음자를 표현하고 있는데, 'ㅕ'는 ②, 'ㅛ'는 ③, 'ㅡ'는 ①과 같습니다.

11 '우유'의 '유'에는 모음자 'ㅠ'가 들어가고, '야구'의 '야'에는 모음자 'ㅑ'가 들어갑니다.

자음자 놀이	자음자 문제	31~32쪽

1 ㄱ, ㄴ, ㅂ, ㅊ, ㅌ, ㅍ
2 (1) ③ (2) ② (3) ① **3** 기역
4 (1) × (2) ○ (3) ○ **5** ㉠ → ㉢ → ㉡
6 시소 **7** 해설 참조
8 해설 참조 **9** ㄱ, ㅊ / ㄴ, ㅁ **10** ④

1 그림 속 캠핑장에서 볼 수 있는 빨간색 모양은 자음자 'ㄱ, ㄴ, ㅂ, ㅊ, ㅌ, ㅍ'입니다.

2 자음자 'ㅈ, ㄷ, ㅊ'이 들어간 '자동차', 자음자 'ㄱ, ㅌ'이 들어간 '기타', 자음자 'ㅍ'이 들어간 '파'를 볼 수 있습니다.

3 자음자 'ㄱ'의 이름은 '기역'입니다.

<table>
<tr><td colspan="4">정답 친해지기 자음의 이름</td></tr>
<tr><td>ㄲ</td><td>쌍기역</td><td>ㄸ</td><td>쌍디귿</td></tr>
<tr><td>ㅃ</td><td>쌍비읍</td><td>ㅆ</td><td>쌍시옷</td></tr>
<tr><td>ㅉ</td><td>쌍지읏</td><td></td><td></td></tr>
</table>

4 자음자는 위에서 아래로 써야 합니다.

5 자음자 'ㄹ'은 ㉠ → ㉢ → ㉡의 순서로 써야 합니다.

6 '시소'에 들어간 자음자는 'ㅅ'입니다. '자두', '자라'에는 '자'에, '수저'에는 '저'에 'ㅈ'이 들어갑니다.

7 (1)   (2)   (3)

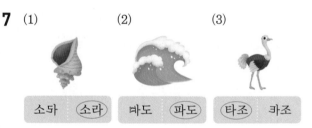

소다 (소라)   파도 (파도)   (타조) 카조

'소라'에서 자음자 'ㄹ', '파도'에서 자음자 'ㅍ', '타조'에서 자음자 'ㅌ'을 바르게 쓴 것을 찾습니다.

8

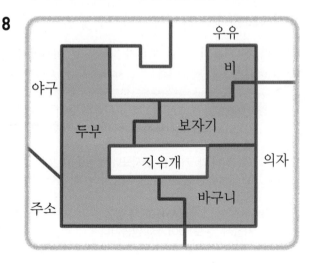

자음자 'ㅂ'이 들어간 낱말은 '두부, 비, 보자기, 바구니'입니다.

9 기차에는 자음자 'ㄱ'과 'ㅊ'이 들어가고, 나무에는 자음자 'ㄴ'과 'ㅁ'이 들어갑니다.

10 '지게'는 자음자 'ㅈ'으로 시작하는 낱말입니다.

1. 글자를 만들어요

핵심 **확인 문제**   50쪽

1 (1) 자 (2) 모 (3) 자   **2** ○
3 모음자   **4** ×   **5** ㅔ

준비 **배울 내용 살펴보기**   51~53쪽

1 ⑤   **2** (2) ○   **3** ㅕ
4 ⑤   **5** ①
6 (1) ① (2) ②   **7** 민수
8 예 기자, 나비 등   **9** ③
10 (1) ② (2) ③ (3) ①
11 예 오리, 우리 등   **12** ⑤

1 'ㅎ'은 이 그림에 나타나 있지 않습니다.

2 그림에 숨어 있는 자음자와 모음자 중에서 'ㄹ'과 'ㅇ'은 자음자이고, 'ㅛ'는 모음자입니다.

3 학교 담장의 꽃 그림에서는 모음자 'ㅕ'를 찾을 수 있습니다.

4 자음자 'ㅌ'의 이름은 '티읕'입니다.

5 '기차'의 '차'에 모음자 'ㅏ'가 들어갑니다.

정답 친해지기 ② 호두: 모음자 'ㅗ, ㅜ'가 들어갑니다.
③ 시소: 모음자 'ㅣ, ㅗ'가 들어갑니다.
④ 그네: 모음자 'ㅡ, ㅔ'가 들어갑니다.
⑤ 여우: 모음자 'ㅕ, ㅜ'가 들어갑니다.

6 모음자 'ㅓ'는 어부의 '어'에, 모음자 'ㅡ'는 '뉴스'의 '스'에 들어갑니다.

7 '우유'에는 모음자 'ㅜ'와 'ㅠ'가 들어갑니다.

8 모음자 'ㅣ'가 들어간 낱말을 떠올려 써 봅니다.

9 '포도'의 '포'에 자음자 'ㅍ'이 들어갑니다.

정답 친해지기 ① 구두: 자음자 'ㄱ, ㄷ'이 들어갑니다.
② 나무: 자음자 'ㄴ, ㅁ'이 들어갑니다.
④ 호랑이: 자음자 'ㅎ, ㄹ, ㅇ'이 들어갑니다.
⑤ 도토리: 자음자 'ㄷ, ㅌ, ㄹ'이 들어갑니다.

10 '고래'에 'ㄱ', '모자'에 'ㅁ', '호수'에 'ㅎ'이 들어갑니다.

11 자음자 'ㄹ'과 'ㅇ'이 모두 들어간 낱말을 떠올려 써 봅니다.

12 자음자 'ㅉ, ㅌ, ㅃ, ㅈ'이 들어간 낱말을 각각 찾아봅니다.

소단원 1	**기본** 글자에서 자음자와 모음자 찾기	54~55쪽

1 ④	**2** 새우	**3** ②, ⑤
4 ③	**5** (1) ㅍ (2) ㅏ **6** ㅇ, ㅗ, ㅣ	
7 ⑤	**8** ㅗ, ㄱ, ㅁ	

1 조개는 생선 가게에서 팔고 있는 물건의 이름입니다.

2 보기 의 설명에 해당하는 낱말은 '새우'입니다.

> 정답 친해지기 생선 가게에서 팔고 있는 물건의 이름 더 살펴보기
> • 조개: 자음자 'ㅈ, ㄱ'과 모음자 'ㅗ, ㅐ'가 들어갑니다.
> • 게: 자음자 'ㄱ'과 모음자 'ㅔ'가 들어갑니다.

3 '배추, 바나나'에 자음자 'ㅂ'이 들어갑니다.

4 '파, 바나나'에 모두 모음자 'ㅏ'가 들어갑니다.

5 '파'를 자음자와 모음자로 나누면 'ㅍ'이 자음자, 'ㅏ'가 모음자입니다.

6 'ㅇ'은 자음자이고 'ㅗ, ㅣ'는 모음자입니다.

7 '고추'의 모음자는 모두 자음자의 아래쪽에 있습니다.

8 자음자와 모음자가 어떻게 모여 '고구마'라는 글자가 완성되는지 생각하며 씁니다.

소단원 1	**기본** 받침이 없는 글자의 짜임 알기	56~59쪽

1 (1) ㄱ, ㅈ (2) ㅏ, ㅣ		**2** ④
3 ㅣ, ㅊ	**4** ①	**5** ③
6 (1) ② (2) ①		**7** 시소
8 ②	**9** ①, ③	
10 (1) ① (2) ② (3) ③		**11** ⑤
12 예 우주, 치타, 코피 등		**13** 비
14 (1) ㅂ (2) ㅑ (3) 느		**15** ④
16 ②		

1 '가지'는 자음자 'ㄱ, ㅈ'과 모음자 'ㅏ, ㅣ'로 만든 글자입니다.

2 '포도'에서 모음자는 'ㅗ'이며 글자에서 아래쪽에 있습니다.

3 자음자와 모음자가 모여 글자가 됩니다. '기차'는 자음자가 왼쪽에, 모음자가 오른쪽에 오는 글자입니다.

4 '도토리'는 자음자 'ㄷ, ㅌ, ㄹ'과 모음자 'ㅗ, ㅣ'로 이루어진 글자입니다.

5 자음자 'ㄱ'과 모음자 'ㅛ'가 만나면 '교'라는 글자가 됩니다.

6 자음자 'ㄹ'과 모음자 'ㅑ'가 만나 글자 '랴'가 되고, 자음자 'ㅂ'과 모음자 'ㅡ'가 만나 글자 '브'가 됩니다.

7 그림이 나타내고 있는 것은 시소입니다. 자음자 'ㅅ'과 모음자 'ㅣ'가 만나 '시'가 되고, 자음자 'ㅅ'과 모음자 'ㅗ'가 만나 '소'가 됩니다.

8 '파리'에서 '파'는 자음자 'ㅍ'과 모음자 'ㅏ'가 만나 만들어지는 글자로, 이 글자표에서는 찾을 수 없습니다.

9 자음자 'ㅊ'과 모음자 'ㅗ'가 만나면 '초'라는 글자가 됩니다.

10 글자는 자음자와 모음자가 모여 만들어집니다. 글자표에서 자음자와 모음자를 합쳐 보고, 어떤 글자가 되는지 살펴봅니다.

11 '우유'는 자음자 'ㅇ'과 모음자 'ㅜ, ㅠ'로 이루어진 글자입니다.

> 정답 친해지기 ① '우리'는 자음사 'ㅇ'이 들어간 낱말이지만, 제시된 글자표에서 '리'라는 글자를 찾을 수 없습니다.
> ②, ④ '지하'와 '커피'는 글자표에서 찾을 수 있는 글자로 만들어진 낱말이지만, 자음자 'ㅇ'이 들어가지 않습니다.
> ③ '주스'의 '�스'는 글자표에서 찾을 수 없고, '주스'에는 자음자 'ㅇ'도 들어가지 않습니다.

12 글자표에서 글자를 찾아 두 글자로 된 낱말을 여러 가지 만들어 봅니다.

13 자음자 'ㅂ'과 모음자 'ㅣ'가 만나면 '비'라는 글자가 됩니다.

14 자음자와 모음자를 합쳐서 글자를 만들 수 있습니다.

15 자음자 'ㅋ'과 모음자 'ㅜ'를 합해서 만들 수 있는 글자는 '쿠'입니다.

16 'ㄴ+ㅏ', 'ㅂ+ㅣ'로 낱말 '나비'를 만들 수 있습니다.

소단원 2 　기본 바른 자세로 글자 읽고 쓰기　60~61쪽

1 ④　　　**2** ㉮　　　**3** ②, ④
4 (2) ○　(3) ○　**5** ㉮　　　**6** ②
7 ②, ⑤　　　**8** 例 나는 고개를 너무 숙이고 글씨를 쓰는데, 고개를 지나치게 숙이지 말고 허리를 바르게 세우고 앉아야겠다.

1 사진 속에서 친구는 다양한 자세로 글을 읽고 있습니다.

2 ㉮의 친구가 바른 자세로 글을 읽고 있습니다.

> 정답 친해지기 사진에서 고쳐야 할 읽기 자세 살펴보기
> • 사진 ㉯: 다리를 벌리고 앉아서 손으로 얼굴을 받치는 모습은 바른 자세가 아닙니다.
> • 사진 ㉰: 다리를 꼬고 앉아서 몸을 옆으로 기울이고 삐딱하게 앉아 있는 자세는 바른 자세가 아닙니다.
> • 사진 ㉱: 발을 띄우고 앉아서 몸을 앞으로 숙이고 팔꿈치를 책상에 괴고 있는 자세는 바른 자세가 아닙니다.

3 ㉯에서 친구는 다리를 벌리고 앉아서 팔꿈치를 책상에 괸 채 손으로 얼굴을 받치고 있습니다.

4 글을 읽을 때에는 허리를 바르게 세우고 의자에 앉아 다리는 가지런히 모아야 합니다.

5 ㉮의 자세가 글씨를 쓰는 바른 자세입니다.

6 연필을 잡지 않은 한 손은 공책을 누르고, 연필을 바르게 잡고 글씨를 써야 합니다.

7 ㉯처럼 다리를 벌리고 앉거나 손으로 턱을 받치고 비스듬히 앉는 자세는 글씨를 쓸 때의 바른 자세가 아닙니다.

8 글씨를 쓸 때의 바른 자세를 생각하며 자신의 글씨 쓰는 자세를 떠올리고 잘못된 부분을 써 봅니다.

> 채점 기준 글씨를 쓸 때의 바른 자세에 맞게 자신의 글씨 쓰는 자세를 고쳐서 썼으면 정답으로 합니다.

소단원 2 　기본 여러 가지 모음자 알기　62~65쪽

1 ①　　　**2** ㅔ
3 (1) ②　(2) ①　**4** ㅘ　　　**5** ⑤
6 ①　　　**7** ③
8 例 무늬, 의자, 의사 등

1 모든 낱말에 모음자 'ㅐ'가 들어갑니다.

2 모음자 'ㅔ'가 들어간 낱말들입니다.

3 모음자 'ㅐ'와 'ㅔ'가 들어간 낱말들을 바르게 알아 둡니다.

4 '과자', '사과'를 나타낸 그림입니다.

5 '참외, 횃불, 열쇠, 돼지'가 맞는 표기입니다.

6 '원'과 '월'에는 모두 모음자 'ㅝ'가 들어갑니다. '권투'의 '권'에도 모음자 'ㅝ'가 들어갑니다.

> 정답 친해지기 ② '최고'에는 모음자 'ㅚ, ㅗ'가 들어갑니다.
> ③ '기와'에는 모음자 'ㅣ, ㅘ'가 들어갑니다.
> ④ '가위'에는 모음자 'ㅏ, ㅟ'가 들어갑니다.
> ⑤ '예의'에는 모음자 'ㅖ, ㅢ'가 들어갑니다.

7 '궤도'를 제외한 낱말에는 모두 모음자 'ㅟ'가 들어갑니다.

8 모음자 'ㅢ'가 들어간 낱말을 찾습니다. 모음자 'ㅣ'와 헷갈리지 않도록 주의합니다.

국어 활동　72~73쪽

1 (1) ㅋ　(2) ㅗ　**2** ②　　　**3** ⑤
4 (1) ①　(2) ②　**5** (1) ○　　　**6** ③
7 (1) ②　(2) ①　**8** ④

1 '코'는 자음자 'ㅋ'과 모음자 'ㅗ'로 만들 수 있습니다.

2 자음자 'ㅈ'과 모음자 'ㅏ'로 된 '자'가 알맞습니다.

3 그림이 의미하는 대상은 '두부'입니다. '두부'의 모음자는 아래쪽에 있습니다.

4 ㉣에는 '모자', ㉤에는 '주사'가 알맞습니다.

5 바르게 쓴 낱말은 '나사'입니다.

6 '다리, 바다, 마스크, 도토리'라고 써야 합니다.

7 모음자 'ㅐ'의 이름은 '애', 모음자 'ㅚ'의 이름은 '왜'입니다.

> 정답 친해지기 • 모음자 'ㅔ'의 이름은 '에'입니다.
> • 모음자 'ㅚ'의 이름은 '외'입니다.
> • 모음자 'ㅘ'의 이름은 '와'입니다.

8 모음자 'ㅟ'의 이름은 '위'입니다.

실천 배운 내용 마무리하기 74쪽

1 ㅐ	**2** ③	**3** ②, ④
4 레	**5** ②	**6** (2) ○
7 ④	**8** 어제	

1 '모래'가 맞는 낱말입니다.

> 정답 친해지기 헷갈리기 쉬운 낱말
> • 모래: 자연히 잘게 부스러진 돌 부스러기.
> • 모레: 내일의 다음 날.

2 '그네'라는 낱말을 만들기 위해서는 자음자 'ㄱ, ㄴ'과 모음자 'ㅡ, ㅔ'가 필요합니다.

3 '의자'가 알맞은 낱말이므로, 이 낱말에 들어갈 모음자는 'ㅢ, ㅏ'입니다.

4 '카레'를 나타내는 그림입니다. 자음자와 모음자를 주의하며 써 봅니다.

5 그림에 알맞은 낱말은 '두꺼비'입니다.

6 그림에 알맞은 낱말은 '귀'입니다. '귀'에는 자음자 'ㄱ'과 모음자 'ㅟ'가 들어갑니다.

7 '최고'에는 모음자 'ㅚ, ㅗ'가 들어갑니다.

> 정답 친해지기 ① '매미'에는 모음자 'ㅐ, ㅣ'가 들어갑니다.
> ② '새우'에는 모음자 'ㅐ, ㅜ'가 들어갑니다.
> ③ '노래'에는 모음자 'ㅗ, ㅐ'가 들어갑니다.
> ⑤ '무지개'에는 모음자 'ㅜ, ㅣ, ㅐ'가 들어갑니다.

8 '어제'의 '제'는 모음자 'ㅔ'로 써야 합니다.

단원 평가 75~77쪽

1 ②	**2** ㄴ, ㄹ	**3** ④
4 ③	**5** 고추, 고구마	
6 (1) ㅂ, ㅊ (2) ㅐ, ㅜ		**7** (1) ①
(2) ① (3) ②	**8** ㄱ, ㅣ	**9** ②
10 ③	**11** ㅜ, ㅅ, ㅏ, 주사	
12 ③	**13** (1) 구 (2) 리	
14 ④	**15** ㉮	**16** ⑤
17 ⑤	**18** ②	**19** ㉲ 가위로

종이를 잘랐다. **20** (1) 마스크 (2) 바다

1 모음자 'ㅏ, ㅓ, ㅛ, ㅣ, ㅕ'를 그림에서 찾을 수 있습니다.

2 자음자 'ㄴ'과 'ㄹ'을 그림에서 찾을 수 있습니다.

3 '바지'에는 자음자 'ㅂ, ㅈ'이 들어갑니다.

4 제시된 그림은 채소 가게로, 고구마, 오이, 고추, 파, 배추 등을 팔고 있습니다.

5 '고추'의 '고', '고구마'의 '고'와 '구'에 자음자 'ㄱ'이 들어갑니다.

> 정답 친해지기 • '오이'에는 자음자 'ㅇ'이 들어갑니다.
> • '배추'에는 자음자 'ㅂ, ㅊ'이 들어갑니다.
> • '파'에는 자음자 'ㅍ'이 들어갑니다.
> • '고구마'에는 자음자 'ㄱ, ㅁ'이 들어갑니다.
> • '고추'에는 자음자 'ㄱ, ㅊ'이 들어갑니다.

6 '배추'에는 자음자 'ㅂ, ㅊ'과 모음자 'ㅐ, ㅜ'가 들어갑니다. '배추'에서 자음자는 왼쪽이나 위쪽에 있고 모음자는 아래쪽이나 오른쪽에 있습니다.

7 '고'와 '구'의 모음자인 'ㅗ, ㅜ'는 글자의 아래쪽에, '마'의 모음자인 'ㅏ'는 글자의 오른쪽에 있습니다.

> 정답 친해지기 글자에서 자음자와 모음자의 위치
> • 글자에서 자음자는 왼쪽이나 위쪽에 있습니다.
> • 글자에서 모음자는 오른쪽이나 아래쪽에 있습니다.

8 '가지'는 '가'와 '지'로 이루어진 낱말입니다. '가'는 'ㄱ'과 'ㅏ'가 만나서 만들어지고, '지'는 'ㅈ'과 'ㅣ'가 만나서 만들어집니다.

9 '포도'라는 낱말을 만들기 위해서는 자음자 'ㅍ, ㄷ'과 모음자 'ㅗ'가 필요합니다.

10 '리'에서 'ㄹ'은 왼쪽에 있습니다.

정답 친해지기 ① '도토리'의 '도, 토'에서 모음자 'ㅗ'를, '리'에서 모음자 'ㅣ'를 찾을 수 있습니다.

② '도토리'의 '도'에서 자음자 'ㄷ'을, '토'에서 자음자 'ㅌ'을, '리'에서 자음자 'ㄹ'을 찾을 수 있습니다.

④ '도토리'에서 자음 'ㄷ, ㅌ'은 모음자 'ㅗ' 위쪽에 있습니다.

⑤ '도토리'에서 'ㅗ'는 자음자 'ㄷ, ㅌ'의 아래쪽에 있고, 'ㅣ'는 자음자 'ㄹ'의 오른쪽에 있습니다.

11 주사를 나타내는 그림입니다. 'ㅜ, ㅅ, ㅏ'를 넣어 글자를 만들고 낱말 '주사'를 완성할 수 있습니다.

12 자음자 'ㅎ'은 이 글자표에 없기 때문에 '허'는 이 글자표에서 찾을 수 없는 글자입니다.

13 제시된 표의 글자로 '구두', '다리'라는 낱말을 만들 수 있습니다.

14 '비누'는 자음자 'ㅂ, ㄴ'과 모음자 'ㅣ, ㅜ'로 만든 낱말입니다.

15 허리를 바르게 세우고 다리를 가지런히 모은 자세로 글을 읽고 있는 ㉮가 바른 자세입니다.

정답 친해지기 **글을 읽을 때의 바른 자세**
• 허리를 바르게 세우고 앉습니다.
• 다리는 가지런히 모으고 바닥에 발을 붙입니다.
• 손으로 얼굴이나 머리를 받치거나 고개를 기울이지 않습니다.

16 바른 자세로 글씨를 쓰려면 허리는 세우고, 다리는 꼬거나 벌리지 않고 가지런히 모읍니다. 손으로 턱을 괴지 말고 바르게 앉아야 합니다.

17 '시계'에는 모음자 'ㅖ'가 들어갑니다.

18 '열쇠', '참외', '최고', '야외' 모두 모음자 'ㅚ'가 들어간 낱말입니다.

정답 친해지기 • '열쇠'에는 모음자 'ㅕ, ㅚ'가 들어갑니다.
• '참외'에는 모음자 'ㅏ, ㅚ'가 들어갑니다.
• '최고'에는 모음자 'ㅚ, ㅗ'가 들어갑니다.
• '야외'에는 모음자 'ㅑ, ㅚ'가 들어갑니다.

19 모음자 'ㅟ'가 들어간 낱말을 주변에서 찾고, 낱말을 넣어 문장을 써 봅니다.

채점 기준 '가위, 귀, 바위, 주위, 바퀴' 등 모음자 'ㅟ'가 들어간 낱말을 넣어 알맞은 문장을 만들어 썼으면 정답으로 합니다.

20 '마스크', '바다'가 맞는 글자입니다.

2. 받침이 있는 글자를 읽어요

핵심 확인 문제 80쪽

1 받침 **2** ○ **3** 어깨너비
4 (4) ○

준비 배울 내용 살펴보기 81쪽

1 ④ **2** ○ **3** ❸, ❼
4 ①

1 '자'에 'ㅁ'이 붙으면 '잠'이 됩니다.

정답 친해지기 받침이 바뀌면 글자의 뜻도 달라집니다.
예 '자'에 여러 가지 받침을 넣어 글자 만들기: 잔, 잠, 잣, 장 등

2 글자 아래쪽에 있는 자음자를 '받침'이라고 합니다. 글자 '콩'에서 받침은 'ㅇ'입니다.

3 다른 사람의 말을 들을 때에는 말하는 사람을 바라보며 올바른 자세로 앉아, 말하는 내용을 귀 기울여 듣습니다.

4 ❷번 친구는 턱을 괸 채로 말하는 사람을 보고 있습니다.

소단원 1 **기본** 받침이 있는 글자의 짜임 알기 82~83쪽

1 ① **2** ㄹ **3** (1) ② (2) ①
4 **예** '차' 아래쪽에는 받침이 없다. / '차'에 'ㅇ'이 붙어서 '창'이 되었다. **5** (1) ㅅ (2) ㅏ
6 ① **7** 손 **8** ㄹ

1 글자의 짜임에 주의하여 그림에서 받침이 있는 낱말들을 찾아봅니다.

정답 친해지기 **그림에서 볼 수 있는 낱말**
구름, 숲, 벽, 방, 옷, 집, 디귿, 벌, 문

2 '벌'에서 글자 아래 받침으로 쓰인 자음자는 'ㄹ'입니다.

정답과 해설

3 두 글자를 소리 내어 읽으며 그림에 알맞은 낱말을 찾아봅니다.

4 '차'는 받침이 없고, '차'에 받침 'ㅇ'이 붙으면 '창'이 됩니다. 이처럼 글자에 받침을 더하면 새로운 글자를 만들 수 있습니다.

> **채점 기준** '차'에는 받침이 없다거나 '창'에 받침 'ㅇ'이 있다는 내용으로 쓰면 정답으로 합니다.

5 '사'는 자음자 'ㅅ'과 모음자 'ㅏ'로 만들 수 있습니다.

6 '사'에 받침 'ㄴ'을 넣어 '산'을 만듭니다.

7 '소'에 받침 'ㄴ'을 넣으면 '손'이 됩니다.

8 그림에 어울리는 낱말인 '팔'을 만들려면 '파'에 받침 'ㄹ'을 넣어야 합니다.

소단원 1 | 기본 받침이 있는 글자 읽기 | 84쪽

1 (4) ○   **2** ㄹ   **3** (1) ② (2) ①
4 ㅈ

1 ㉠ '집'은 받침에 'ㅂ'이 있습니다. 받침 'ㅂ'이 있는 낱말은 (4) '구급차'입니다.

> **정답 친해지기** (1) '눈'에는 받침 'ㄴ'이, (2) '빗'에는 받침 'ㅅ'이, (3) '무릎'에는 받침 'ㅍ'이 쓰였습니다.

2 '별'은 자음자 'ㄹ'이 받침으로 들어가는 낱말입니다.

3 '부'에 받침 'ㅅ'을 붙여서 '붓', '유'에 받침 'ㅊ'을 붙여서 '윷'을 만듭니다.

4 그림에 어울리는 낱말은 '나'에 받침 'ㅈ'을 붙인 '낮'입니다.

소단원 2 | 기본 바른 자세로 발표하기 | 85~86쪽

1 ②   **2** ④   **3** (3) ○
4 예 발표할 때에는 허리를 곧게 세우고 다리는 편안하게 어깨너비만큼 벌리고 서서 발표해야 해.
5 (1) 예 이민형 (2) 예 김치찌개 (3) 예 춤추기
6 ②   **7** 가현

---

1 그림 ❶은 딴 곳을 바라보며 발표하고 있고, ❸은 삐딱하게 서서 발표하고 있습니다.

2 그림에서 ❷번 친구는 듣는 사람을 바라보며 바른 자세로 발표하고 있습니다.

3 그림에서 ❶번 친구는 듣는 사람을 보지 않고 딴 곳을 바라보고 있습니다.

4 그림에서 ❸번 친구는 한쪽 다리를 구부리고 삐딱하게 서 있습니다.

> **채점 기준** 허리를 곧게 세우고 바른 자세로 서서 발표해야 한다는 내용이 들어가면 정답으로 합니다.

5 친구들에게 자신을 소개할 내용을 간략히 정리하여 써 봅니다.

6 자기소개를 할 때에는 자신을 잘 설명할 수 있는 내용을 정리하여 말해야 합니다. 오늘 날씨는 자신을 소개하기 위한 내용과는 관련이 없습니다.

> **정답 친해지기** 자기소개할 내용
> 자신의 특징을 잘 드러낼 수 있고, 친구들이 궁금해 할 만한 내용을 소개하는 것이 좋습니다.

7 친구들 앞에서 발표할 때에는 듣는 사람을 바라보며 손은 자연스럽게 내리고 알맞은 크기의 목소리로 말해야 합니다.

소단원 2 | 기본 다른 사람의 말을 집중해 듣기 | 87쪽

1 ②   **2** ③
3 예 선생님께서 하시는 말씀을 잘 이해할 수 있다.   **4** 규리

1 그림에서 친구의 손이 어디에 어떻게 놓여 있는지 잘 살펴봅니다.

2 다른 사람의 말을 들을 때에는 책상에 기대지 않고, 허리를 의자 등받이에 붙이고 바르게 앉아야 합니다.

3 다른 사람이 하는 말을 바른 자세로 집중해서 들으면 말하는 사람이 하는 말을 이해하기 쉽습니다. 다른 사람의 이야기를 집중해서 들어야 그 뜻을 정확하게 이해할 수 있고, 그것을 바탕으로 자신의 생각이나 느낌도 잘 전달할 수 있습니다.

채점 기준 말하는 사람인 선생님의 말씀을 잘 이해할 수 있다는 내용이 들어가면 정답으로 합니다.

4 친구의 이야기를 바른 자세로 집중해서 듣고 있는 친구는 규리입니다.

국어 활동 88~92쪽

1 ㉠, ㉢ **2** (1) 잘 (2) 칼
3 (1) ① (2) ② **4** 팥 **5** ②, ⑤
6 울 **7** (2) ○ **8** ㉢
9 예 허리를 곧게 세우고 발표해야 한다.
10 ⑤ **11** 내린다 **12** ㉠, ㉢, ㉤
13 ❷ **14** ③
15 예 선생님을 바라보며 이야기를 듣고, 보고 있는 다른 책은 덮는다.
16 가랑가랑, 가만가만 **17** ②
18 ④ **19** 예 다닥다닥, 콩콩, 자갈길, 솔솔 등

1 ㉠ '감'에는 받침 'ㅁ'이 있고, ㉢ '발'에는 받침 'ㄹ'이 있습니다.

2 '자, 카'에 받침 'ㄹ'을 넣으면 '잘, 칼'이 됩니다.

3 (1)의 그림은 '바'에 받침 'ㅁ'을 넣은 '밤', (2)의 그림은 '바'에 받침 'ㅇ'을 넣은 '방'이 어울립니다.

4 '파'에 받침 'ㅌ'을 넣은 '팥'을 써야 합니다.

5 '냉'에 받침 'ㅇ'이, '면'에 받침 'ㄴ'이 있습니다.

6 받침 'ㄹ'에 주의하며 '울'이라고 바르게 씁니다.

7 '사물함'이라고 써야 합니다.

8 발표할 때에는 ㉠처럼 허리를 곧게 펴고 바른 자세로 서서 발표해야 합니다.

9 ㉢의 친구는 허리를 구부정하게 구부리고 서서 발표하고 있습니다.

채점 기준 허리를 곧게 세우고 바른 자세로 서서 발표해야 한다는 내용을 쓰면 정답으로 합니다.

10 발표를 할 때에 눈은 듣는 사람을 바라보아야 합니다.

11 발표할 때에는 손을 자연스럽게 내리고 말해야 합니다.

12 다른 사람의 말을 집중해서 들을 때에는 말하는 사람을 바라보고 다른 친구와 이야기하지 않습니다. 또 허리를 등받이에 붙이고 바르게 앉아야 합니다.

정답 친해지기 ㉢: 딴 곳을 보며 이야기를 듣고 있습니다. ㉣: 다른 친구와 이야기를 하며 말하는 사람에게 집중하지 않고 있습니다. ㉤: 허리를 구부정하게 구부리고 앉아 있습니다.

13 다른 사람의 말을 바른 자세로 집중해 듣는 방법을 떠올려 봅니다.

14 코끼리는 바르게 앉아 선생님을 바라보며 선생님이 하시는 말씀을 듣고 있습니다.

15 얼룩말은 수업 시간에 다른 책을 꺼내 보고 있습니다.

채점 기준 올바른 듣기 자세에 맞게 선생님을 바라보고 선생님의 이야기에 집중해야 한다는 내용을 쓰면 정답으로 합니다.

16 받침에 주의하며 알맞은 낱말을 찾아 써 봅니다.

17 '라디오에서 노래가 나와요.'라고 하였습니다.

18 '아장아장'에는 받침 'ㅇ'이 쓰였습니다.

19 이 이야기에는 받침이 있는 낱말이 무척 많은데 그중 두 가지를 찾아 써 봅니다.

실천 배운 내용 마무리하기 93~94쪽

1 ○ **2** (1) **3** (4)
4 ❸ **5** (1) ㄴ (2) ㄹ (3) ㅁ (4) ㅇ
6 (1) ㄹ (2) ㅁ **7** ④ **8** ③, ⑤
9 예 오리들이 연못 위를 둥둥 떠다니며 헤엄치는 모습이 떠올랐다.

1 받침 'ㅇ'을 넣어 '공'이라고 써야 그림에 알맞은 낱말이 됩니다.

2 그림에 알맞은 낱말이 되려면 받침 'ㄹ'을 넣어 '털'이라고 써야 합니다.

3 (4)는 받침 'ㅂ'을 붙여 '컵'이라고 써야 합니다.

4 그림에 알맞은 받침을 잘 고르며 미로를 빠져나갑니다. '공, 털, 솥, 육, 길'의 알맞은 받침을 골라 미로를 빠져나가면 그림 ❸을 찾게 됩니다.

5 보기 에서 알맞은 자음자를 골라 낱말을 만들고 소리 내어 읽어 봅니다.

6 (1)에는 받침 'ㄹ'을, (2)에는 받침 'ㅁ'을 써야 합니다.

7 '둥둥, 동동, 풍덩, 퐁당'에는 모두 받침 'ㅇ'이 쓰였습니다.

> 정답 친해지기 **이 시에 쓰인 받침이 있는 낱말**
> 둥둥, 엄마, 못물, 동동, 풍덩, 속, 퐁당

8 '속'에는 받침 'ㄱ', '엄마'에는 받침 'ㅁ', '못물'에는 받침 'ㅅ', 'ㄹ'이 있습니다.

9 시를 읽고 떠오른 생각이나 느낌을 자유롭게 써 봅니다.

> 채점 기준 시의 내용이나 분위기에 맞는 생각이나 느낌을 맞춤법에 맞게 바르게 쓰면 정답으로 합니다.

단원 평가 95~97쪽

1 받침	**2** ③	**3** ④
4 ㄴ	**5** (1) ① (2) ②	
6 ㉡	**7** ③	**8** ㅊ
9 키읔	**10** (4) 파랐다	**11** ㅅ, ㅅ

12 (1) ❷ (2) 예 친구 ❷는 듣는 사람을 바라보고 허리를 곧게 세워 발표했다. 또 손은 자연스럽게 내리고, 다리는 편안하게 어깨너비만큼 벌리고 서서 발표했다. **13** (1) ○
14 ④ **15** (1) ○ **16** 민준
17 예 말하는 내용을 귀 기울여 듣는다.
18 ㉠ **19** ④ **20** ⑤

1 글자 아래쪽에 있는 자음자를 받침이라고 합니다.

2 '콩'에는 받침 'ㅇ'이 있습니다.

3 ❶번 친구는 엎드려 있습니다. 다른 사람의 말을 들을 때에는 바른 자세로 앉아 말하는 사람을 바라보아야 합니다.

4 그림이 나타내는 대상은 '문'입니다. 따라서 '무'에 받침 'ㄴ'을 써야 합니다.

5 (1)을 나타낸 글자를 '차'입니다. (2)를 나타낸 글자는 '차'에 받침 'ㅇ'이 붙은 '창'입니다.

6 '비'에는 받침이 없고, '빗'에는 받침 'ㅅ'이 있습니다.

7 '무'에 받침 'ㄹ'을 붙인 '물'이 그림에 어울리는 낱말입니다.

8 '유'에 받침 'ㅊ'을 넣어 '윷'이라고 써야 그림에 어울리는 글자가 됩니다.

9 자음자 'ㅋ'은 '키읔'이라고 씁니다.

10 (4)는 '파랗다'라고 써야 합니다.

> 정답 친해지기 **'ㅎ' 받침이 들어간 낱말 더 찾아보기**
> 하얗다, 노랗다, 빨갛다, 낳다, 땋다, 좋다 등

11 '젓가락', '붓'이라고 써야 합니다.

12 ❶번 친구는 다른 곳을 보고 있고, ❸번 친구는 삐딱하게 서 있습니다.

> 채점 기준 (1) 바른 자세로 발표하는 친구로 ❷를 쓰고, (2) 그 까닭으로 발표할 때의 올바른 시선 처리와 자세 등을 알맞게 쓰면 정답으로 합니다.

13 자기소개를 할 때에는 본인의 이름, 좋아하는 음식, 잘하는 것 등 자신을 잘 설명할 수 있는 것을 이야기해야 합니다.

14 발표할 때에는 알맞은 크기의 목소리로 또박또박 말해야 합니다.

15 발표할 때에는 손은 자연스럽게 내리고 다리는 어깨너비만큼 자연스럽게 벌리고 바른 자세로 서야 합니다.

16 다른 사람의 말을 들을 때에는 다리를 꼬지 말고 가지런히 붙이고 앉아야 합니다.

17 아이의 자세를 살펴보고, 다른 사람의 말을 집중해 듣기 위한 바른 자세를 생각해 써 봅니다. 다른 사람의 말을 들을 때에는 허리를 세우고 앉아 말하는 사람을 바라보며 말하는 내용에 귀 기울여야 합니다.

> 채점 기준 '말하는 사람을 바라보며 듣는다, 허리를 바르게 세워 등받이에 붙이고 앉는다, 다리를 가지런히 한다, 손을 자연스럽게 놓는다' 등 그림에 맞는 올바른 듣기 자세를 쓰면 정답으로 합니다.

18 '커'에 받침 'ㅂ'을 붙여 '컵'이라고 써야 합니다.

19 '보른달'은 '보름달'이라고 써야 합니다.

20 ① '둥둥'에는 받침 'ㅇ', ③ '엄마'에는 받침 'ㅁ', ④ '퐁당'에는 받침 'ㅇ'이 있고, ② '오리'에는 받침이 없습니다.

3. 낱말과 친해져요

핵심 확인 문제 · 100쪽

1 ○ 2 ㄹ 3 아래쪽
4 (1) ② (2) ③ (3) ④ (4) ⑤ (5) ①

준비 배울 내용 살펴보기 · 101쪽

1 ②, ③ 2 ②
3 (1) 수박 (2) 청포도 4 ⑤

1 토순이 엄마는 수박과 청포도를 좋아한다고 하였습니다.

2 토순이 엄마가 말한 글자는 받침이 있는데, 토순이는 글자의 받침을 쓰지 않았습니다.

3 '수박'과 '청포도'를 쓸 때 받침을 빼놓지 말고 정확하게 써야 합니다.

> **정답 친해지기** '수박'에는 받침으로 'ㄱ'이 들어가고 '청포도'에는 받침으로 'ㅇ'이 들어갑니다.

4 받침이 있는 글자를 정확히 써야 무엇을 표현하는지 확실히 알 수 있습니다.

소단원 1 통합 글자의 짜임을 생각하며 받침이 있는 글자 쓰기 · 102~103쪽

1 ③ 2 ③ 3 ④
4 (1) 필 (2) 동 5 ③ 6 ②
7 ②, ③ 8 예 인형 등
9 예 연필이 부러져서 글씨를 쓸 수 없었는데 친구가 연필을 빌려주어서 정말 고마웠다.

1 양 그림이므로 ⊙에 알맞은 글자는 '양'입니다.

2 '북'의 'ㄱ'이 받침에 해당합니다. 'ㅂ'은 첫소리 자음입니다.

> **정답 친해지기** 받침은 글자의 아래쪽에 붙는 자음자입니다. 예 '산'의 'ㄴ', '발'의 'ㄹ'

3 '고무줄'과 '줄넘기', '동물'과 '물건'으로 낱말이 완성되

어야 합니다. 따라서 ⓒ에는 '줄', ⓒ에는 '물'이 들어가야 합니다.

4 (1)은 '색연필', '필통'으로 낱말을 완성해야 하고, (2)는 '운동화', '동화책'으로 낱말을 완성해야 합니다.

5 '다람쥐가 개울 건너가게 / 다리를 놓자'라고 하였습니다.

6 다람쥐가 '애들아 고마워'라고 인사하는 부분에서 아이들에게 고마워하는 다람쥐의 마음을 느낄 수 있습니다.

7 '놓자'에 'ㅎ', '다람쥐'에 'ㅁ' 받침이 쓰였습니다. 이외에도 시에서 받침이 있는 낱말을 더 찾아봅니다.

> **정답 친해지기** 「다리」에 나온 받침이 있는 낱말
> 예 놓자, 다람쥐, 개울, 건너가게, 돌다리, 징검다리 등

8 자신이 좋아하는 음식, 장난감, 학용품 등을 떠올려 보고, 그중에서 받침이 있는 낱말이 무엇인지 생각해서 써 봅니다.

9 다른 사람을 도와주었던 경험, 다른 사람에게 도움을 받았던 경험 등을 떠올려 보고, 그때 어떤 기분이 들었는지 써 봅니다.

> **채점 기준** 다른 사람을 도와주었던 경험이나 다른 사람에게 도움을 받았던 경험 중 한 가지를 쓰고, 그때 어떤 기분이 들었는지 쓰면 정답으로 합니다.

소단원 1 기본 받침이 있는 글자 바르게 쓰기 · 104~105쪽

1 ⓒ, ⓜ 2 ④ 3 ③
4 (1) 안경 (2) 친구 5 예 칠판 / 창문 / 책상 등 6 (1) 장화 (2) 우산
7 (1) 화분 (2) 거울 8 ④
9 (1) 친 (2) 선생 10 해설 참조

1 'ㄹ' 받침이 필요한 낱말은 '연필'과 '물통'입니다.

2 '구름'과 '바람'에는 모두 'ㅁ' 받침이 들어갑니다.

3 ㄹ에서 완성해야 하는 낱말은 '책'으로, 이를 위해 필요한 받침은 'ㄱ'입니다. '동전'에는 받침으로 'ㅇ'과 'ㄴ'만 쓰였습니다.

정답 친해지기 | 낱말에 쓰인 받침

낱말	받침
학교	ㄱ
국어	ㄱ
동전	ㅇ, ㄴ
약속	ㄱ
색연필	ㄱ, ㄴ, ㄹ

4 (1) ㅂ은 받침으로 'ㄴ'과 'ㅇ'을 넣어 '안경'을 완성할 수 있습니다. (2) ㅅ은 받침으로 'ㄴ'을 넣어 '친구'를 완성할 수 있습니다.

5 교실에서 볼 수 있는 물건의 이름 가운데 받침이 있는 것을 떠올려 써 봅니다.

6 (1) '잠화'는 '장화'로 써야 합니다. (2) '우상'은 '우산'으로 써야 합니다.

7 (1) 받침 'ㄴ'을 넣어 '화분'으로 써야 합니다. (2) 받침 'ㄹ'을 넣어 '거울'로 써야 합니다.

8 '장낭감'은 '장난감'으로 써야 합니다.

9 (1) '칭구'는 '친구'로 고쳐 써야 합니다. (2) '성샌님'은 '선생님'으로 고쳐 써야 합니다.

10

'땅콤'은 '땅콩'으로, '표법'은 '표범'으로, '기림'은 '기린'으로, '운돔화'는 '운동화'로 써야 합니다.

소단원 2 | **기본** 여러 가지 자음자 알기 | 106쪽

1 ⑤
2 (1) ② (2) ① (3) ④ (4) ③
3 (1) ㄲ (2) ㄸ (3) ㅃ
4 예 뻐꾸기 / 코뿔소 등
5 ③

---

1 그림에서 찾을 수 있는 자음자는 'ㄲ, ㄸ, ㅃ, ㅆ, ㅉ' 입니다. 'ㅊ'은 찾을 수 없습니다.

정답 친해지기 | 여러 가지 자음자의 이름과 모양

이름	모양
쌍기역	ㄲ
쌍디귿	ㄸ
쌍비읍	ㅃ
쌍시옷	ㅆ
쌍지읒	ㅉ

2 '꿀'과 '굴', '빵'과 '방'에서 자음자 소리의 차이를 생각해 보며 선을 잇습니다.

3 (1) 코끼리 그림이므로 보기 에서 자음자 'ㄲ'을 찾아 '코끼리'를 완성합니다. (2) 땅콩 그림이므로 보기 에서 자음자 'ㄸ'을 찾아 '땅콩'을 완성합니다. (3) 그림에서 아빠를 가리키고 있으므로 보기 에서 자음자 'ㅃ'을 찾아 '아빠'를 완성합니다.

4 '뻐꾸기', '코뿔소' 등 'ㅃ'이 들어가는 동물의 이름을 떠올려서 씁니다.

5 '빨래'에는 'ㄸ'이 들어가지 않고, 자음자 'ㅃ'과 'ㄹ'이 들어갑니다.

소단원 2 | **통합** 자신 있게 낱말 읽기 | 107~108쪽

1 (2) ○
2 ②
3 ③
4 (1) 깡충깡충 (2) 폴짝폴짝
5 ③
6 (1) ② (2) ①
7 ③
8 (1) 예 고양이 (2) 예 고양이가 꼬리를 위로 세우고 사뿐사뿐 걷고 있다.

---

1 구름으로 동물의 모양을 만들어서 이야기를 이어 가고 있으므로, '구름'이나 '동물'과 관련된 내용을 짐작해야 합니다.

2 '나'는 토끼에게 언덕을 만들어 줄 테니 쉬었다 가라고 하였습니다.

3 '나'는 토끼에게 좀 더 놀다가 가라고 하였습니다.

4 여러 가지 자음자의 소리를 생각하며 낱말을 읽고, 글자의 짜임을 살펴보면서 따라 써 봅니다.

5 그림을 보면 사람의 손이 호랑이의 꼬리를 붙잡고 있습니다.

6 구름의 모양이 동물의 형태를 나타내므로, 모양에 어울리는 동물의 이름을 찾아 선으로 이어 봅니다.

7 ㉠ '토끼'에 자음자 'ㄲ'이, ㉡ '쫓아가면'에 자음자 'ㅉ'이 들어갑니다.

> **정답 친해지기** '토끼'는 자음자 'ㄲ'의 모양과 발음에 주의해야 하고, '쫓아가면'은 자음자 'ㅉ'의 모양과 발음뿐만 아니라 받침으로 'ㅊ'이 쓰이는 것도 주의해야 합니다.

8 자신이 좋아하는 동물 이름을 쓰고, 그 동물이 어떻게 움직이는지를 떠올려 써 봅니다.

> **채점 기준** 좋아하는 동물의 이름을 쓰고, 동물이 움직이는 모습을 동물의 특징을 살려 표현했으면 정답으로 합니다.

국어 활동   109~111쪽

1 ④	**2** ㉢, ㉺	**3** ③
4 관	**5** ❸	**6** ❶, ❹
7 ④	**8** ⑤	**9** ㄲ
10 ⑤	**11** (1) ② (2) ① (3) ③	
(4) ⑤ (5) ④	**12** 이쑤시개	

1 'ㅁ'을 받침으로 사용한 글자는 그림에서 찾을 수 없습니다.

> **정답 친해지기** 그림 속 낱말에 쓰인 받침
>
> | 낱말 | 받침 |
> |---|---|
> | 보건소 | ㄴ |
> | 소방서 | ㅇ |
> | 박물관 | ㄱ, ㄹ, ㄴ |
> | 과학관 | ㄱ, ㄴ |
> | 파출소 | ㄹ |
> | 학교 | ㄱ |
> | 도서관 | ㄴ |

2 'ㄹ'이 받침으로 들어간 낱말은 ㉢ '박물관'과 ㉺ '파출소'입니다.

3 ㉡ '소방서'에서 받침으로 쓴 자음자는 'ㅇ'이고, 'ㅇ'을 받침으로 쓴 낱말은 '지붕'입니다.

4 ㉢과 ㉺에는 모두 받침이 있는 글자인 '관'이 들어갑니다.

5 ❸의 그림에 어울리는 낱말은 '달리기'입니다.

6 자음자 'ㄴ'과 'ㅇ'을 모두 받침으로 사용하는 낱말은 ❶ '생선'과 ❹ '신호등'입니다.

7 '장남감'은 '장난감'으로 고쳐 써야 합니다.

8 '지팡이'는 받침 'ㅁ'을 'ㅇ'으로 바꾸어 써야 하므로 자음자 'ㅇ'이 필요합니다.

9 ㉠과 ㉡에 자음자 'ㄲ'을 넣어 낱말 '꽃밭'과 '수도꼭지'를 만들 수 있습니다.

10 '빨대, 찐빵, 뻐꾸기'에 공통으로 들어간 자음자는 'ㅃ'입니다.

11 ① '딱지'에는 'ㄸ'이, ② '까마귀'에는 'ㄲ'이, ③ '뿌리'에는 'ㅃ'이, ④ '찌개'에는 'ㅉ'이, ⑤ '쑥'에는 'ㅆ'이 쓰였습니다.

> **정답 친해지기** 'ㄲ, ㄸ, ㅃ, ㅆ, ㅉ'가 들어간 낱말
>
> | 자음자 | 낱말 예 |
> |---|---|
> | ㄲ | 꽃밭, 수도꼭지, 까마귀, 꼬리, 뚜껑, 뻐꾸기 |
> | ㄸ | 딱지, 떡, 머리띠, 뚜껑 |
> | ㅃ | 빨대, 뿌리, 뻐꾸기, 찐빵 |
> | ㅆ | 쓰레기통, 이쑤시개, 쑥 |
> | ㅉ | 찌개, 찐빵 |

12 'ㅆ'의 소리에 주의하여 낱말을 읽고, 따라 써 봅니다.

실천   배운 내용 마무리하기   112쪽

1 (1) 연필   (2) 창문   (3) 수박   (4) 접시
2 (1) ③   (2) ①   (3) ②   (4) ④
3 (1) 색종이   (2) 하늘   (3) 여름   (4) 빨간색
4 빨간색

1 보기 의 자음자를 받침으로 넣어 그림에 알맞은 낱말을 만들어 봅니다.

정답 친해지기 (1) '연필'에는 받침으로 'ㄴ'과 'ㄹ'이 모두 들어가야 합니다. (2) '창문'에는 받침으로 'ㅇ'과 'ㄴ'이 모두 들어가야 합니다. (3) '수박'에는 받침으로 'ㄱ'이 들어가야 합니다. (4) '접시'에는 받침으로 'ㅂ'이 들어가야 합니다.

2 '깡충깡충'에 자음자 'ㄲ'이, '쨍쨍'에 자음자 'ㅉ'이, '뒤뚱뒤뚱'에 자음자 'ㄸ'이, '쌩쌩'에 자음자 'ㅆ'이 들어갑니다.

3 상자 안에 있는 글자는 '색, 름, 늘, 간, 빨, 종'입니다. 이 글자를 활용해 완성할 수 있는 낱말은 '색종이', '하늘', '여름', '빨간색'입니다.

4 완성한 낱말 가운데 'ㅃ'이 들어간 낱말은 '빨간색'입니다.

단원 평가

113~115쪽

1 ②, ⑤   **2** 예 글자를 정확히 써야 무엇을 표현하는지 확실히 알 수 있기 때문이다.
3 (1) 수박   (2) 청포도   **4** ⑤
5 (1) 달   (2) 북   **6** ③   **7** ①
8 (1) 물통   (2) 바람   **9** 예 운동화, 받침이 잘못 들어갔다. 받침으로 'ㅁ'이 아니라 'ㅇ'을 넣어 '운동화'로 써야 한다.
10 ⑤   **11** (1) ①   (2) ②
12 ②   **13** (1) 미끄럼틀   (2) 생선
14 (1) 받침   (2) 실내화   **15** ③
16 ①   **17** ㉠, ㉡   **18** ④
19 ③   **20** ③

1 토순이는 엄마께 좋아하는 과일이 무엇인지 여쭤보고 그 과일의 이름을 썼지만, 글자의 받침을 쓰지 않았습니다.

2 토순이처럼 받침을 정확히 쓰지 않으면 무엇을 표현하는지 확실히 알 수 없습니다.

채점 기준 글자를 정확히 써야 무엇을 표현하는지 알 수 있다는 내용으로 쓰면 정답으로 합니다.

3 '수박', '청포도'로 써야 합니다.

4 '양'에는 받침으로 자음자 'ㅇ'이 쓰였습니다.

5 (1)의 그림에 어울리는 글자는 자음자 'ㄷ, ㄹ'과 모음자 'ㅏ'를 사용한 '달'이고, (2)의 그림에 어울리는 글자는 자음자 'ㅂ, ㄱ'과 모음자 'ㅜ'를 사용한 '북'입니다.

6 다람쥐가 '얘들아 고마워'라고 했으므로, 다람쥐의 마음으로 알맞은 것은 '고마움'입니다.

7 '다리'에는 받침이 쓰이지 않습니다.

8 (1) 받침 'ㄹ'과 'ㅇ'을 넣어 '물통'으로 써야 합니다. (2) 받침 'ㅁ'을 넣어 '바람'으로 써야 합니다.

9 받침이 잘못 들어간 낱말이 무엇인지 찾고, 어떻게 고쳐야 하는지 써 봅니다.

채점 기준 받침을 바르게 쓰지 않은 낱말로 '운동화'를 고르고, 받침이 잘못 들어갔다는 내용을 쓰면 정답으로 합니다.

10 그림에서 찾을 수 있는 자음자는 'ㅉ'으로, '쌍지읒'이라고 부릅니다.

11 (1) '코끼리'에는 자음자 'ㄲ'이, (2) '땅콩'에는 자음자 'ㄸ'이 들어갑니다.

12 파란색으로 쓴 자음자는 'ㄲ'입니다. 'ㄲ'이 쓰이지 않은 것은 '딸기'로, 딸기에는 'ㄸ'이 쓰입니다.

정답 친해지기 '딸기'와 '꿀떡'에 공통으로 사용된 자음자는 'ㄸ'입니다.

13 (1) 자음자 'ㅁ'과 'ㄹ'을 넣어 '미끄럼틀'을 만듭니다. (2) 자음자 'ㅇ'과 'ㄴ'을 넣어 '생선'을 만듭니다.

14 (1) '받침'으로 써야 합니다. (2) '실내화'로 써야 합니다.

15 이 글은 구름을 보며 토끼와 호랑이의 모양을 상상하고 있습니다.

16 토끼가 폴짝폴짝 도망가는 까닭이 호랑이가 토끼를 쫓아가서라고 생각하였습니다.

17 '깡충깡충'과 '토끼'에 'ㄲ'이 들어갑니다.

18 자음자 'ㅉ'에 주의하며 읽어야 하고, 받침으로 자음자 'ㄱ'과 'ㄹ'이 들어가는 낱말은 '폴짝폴짝'입니다.

19 그림에 알맞은 낱말은 '연필'이므로, 받침으로 'ㄹ'이 필요합니다.

20 '씨앗'에는 보기 에서 제시한 글자가 들어 있지 않습니다.

4. 여러 가지 낱말을 익혀요

핵심 확인 문제   118쪽

1 낱말   **2** (2) ○   **3** 할아버지
4 ○   **5** 예 은행, 가게, 도서관 등

준비   배울 내용 살펴보기   119쪽

1 이름   **2** ②   **3** 나팔꽃
4 ㉠

1 남자아이는 '이 꽃들의 이름은 무엇일까?'라며 꽃의 이름을 궁금해하였습니다.

2 여자아이가 알려 준 그림 속 꽃의 이름은 '해바라기' 입니다.

3 꽃의 이름을 생각하며 바르게 써 봅니다.

4 낱말을 많이 알면 내 생각을 더 잘 표현할 수 있고 책의 내용을 더 잘 알 수 있습니다.

> **정답 친해지기** 낱말을 많이 안다고 하여 그림을 잘 그릴 수 있는 것은 아닙니다.

소단원 1   기본 나와 가족에 관련된 낱말 익히기   120~121쪽

1 (1) ② (2) ① (3) ③   **2** ②
3 (1) ○   **4** ⑤   **5** ③
6 동생   **7** 할아버지   **8** ④

1 ㉠은 '눈', ㉡은 '배', ㉢은 '손'을 가리키고 있습니다.

> **정답 친해지기** 몸과 관련 있는 낱말 더 알아보기
> 눈썹, 어깨, 등, 목, 볼, 손가락, 발가락 등

2 ㉣은 몸의 일부인 '종아리'를 가리키고 있습니다. '종아리'의 올바른 표기를 알아 둡니다.

3 '팔'을 나타낸 그림입니다.

4 '귀 — 듣다', '눈 — 보다', '입 — 먹다', '코 — 맡다'로 연결해야 알맞습니다.

5 '친구'는 가족과 관련 있는 낱말이 아닙니다.

> **정답 친해지기** 가족과 관련 있는 낱말 더 알아보기
> 할머니, 아버지, 동생, 이모, 고모, 사촌, 조카 등

6 가족과 관련 있는 낱말 가운데 나보다 나이가 어린 사람을 나타내는 낱말이면서 자음자 'ㄷ'이 들어가는 두 글자 낱말은 '동생'입니다.

7 아이가 할아버지와 함께 있는 그림입니다.

8 얼굴 부분을 가리키는 말 가운데 'ㅋ'이 들어가는 낱말은 '코'입니다.

소단원 1   통합 나와 가족에 관련된 이야기를 듣고 낱말 읽고 쓰기   122~123쪽

1 (1) ③ (2) ① (3) ②   **2** ③
3 (1) 동생 (2) 엄마   **4** ③, ④
5 (2) ○   **6** ⑤   **7** ③
8 예 나는 새콤달콤한 자두가 좋다. 자두를 먹으면 기분이 좋아진다.

1 새는 감을, 아노(고양이)는 오이를, 엄마는 김치를 좋아합니다.

2 동생 연우는 뭐든지 다 먹고 싶어 한다고 했습니다.

3 가족과 관련된 낱말 가운데 그림에 알맞은 낱말을 떠올려 씁니다.

4 '동생', '엄마'가 가족과 관련된 낱말이고 '오이'는 음식과 관련된 낱말입니다. 이 외에도 이 글에서 가족과 관련된 낱말에는 '아빠', '오빠', '할머니'가 있고, 음식과 관련된 낱말에는 '감', '배추김치' 등이 있습니다.

5 아빠는 뜨거운 설렁탕이 맛있다고 했습니다.

6 '나'는 기다란 스파게티가 맛있다고 했습니다.

> **정답 친해지기** ① 피자는 오빠가 맛있다고 했습니다.
> ② 설렁탕은 아빠가 맛있다고 했습니다.
> ③ 오이는 아노(고양이)가 좋아한다고 했습니다.
> ④ 배추김치는 엄마가 맛있다고 했습니다.

7 '국수 먹으면 내 머리도 길어졌으면 좋겠어.'라고 했습니다.

8 자신이 좋아하는 음식을 떠올려, 그 음식을 좋아하는 까닭과 함께 씁니다.

채점 기준 자신이 좋아하는 음식을 한 가지 골라 쓰고, 그 까닭을 알맞게 쓰면 정답으로 합니다.

소단원 2 **기본** 학교와 이웃에 관련된 낱말 익히기 **124~125쪽**

1 ④   **2** **예** 연필, 필통 등
3 ①, ⑤
4 **예** 영양 선생님 / 숟가락 / 젓가락 등
5 (1) ③   (2) ①   (3) ②   **6** (2) ○
7 ②   **8** **예** 생선 가게 / 문구점 등

---

1 '학교' 하면 떠올릴 수 있는 낱말이 무엇인지 생각해 봅니다.

정답 친해지기 학교와 관련 있는 낱말 더 알아보기
연필, 책, 의자, 교실, 사물함, 필통 등

2 두 글자의 낱말이면서 'ㅍ'이 들어 있는, 학교와 관련 있는 낱말을 떠올려 봅니다.

3 시소와 미끄럼틀은 운동장에서 볼 수 있습니다.

4 급식실에서 볼 수 있는 것이 무엇인지 생각하여 써 봅니다.

5 동네에서 볼 수 있는 가게의 이름을 알아봅니다.

6 '소방서'라고 써야 합니다.

7 은행에 대한 설명입니다.

정답 친해지기 '서점'과 '도서관'의 뜻 알아보기
• 서점: 책을 갖추어 놓고 팔거나 사는 곳.
• 도서관: 온갖 종류의 책 등의 자료를 모아 두고 사람들이 볼 수 있도록 한 곳.

8 우리 동네에서 볼 수 있는 가게나 건물을 떠올려 이름을 정확하게 씁니다.

소단원 2 **통합** 학교와 이웃에 관련된 이야기를 듣고 낱말 읽고 쓰기 **126~127쪽**

1 (2) ○   **2** ①   **3** ⑤
4 (1) ③   (2) ②   (3) ①   **5** 오리
6 ③   **7** ③
8 **예** 빵집을 지날 때 길쭉한 빵을 발자국 모양으로 표현하고 싶다.

---

1 이 이야기에는 발자국 그림이 반복해서 다양하게 나타나고 있습니다.

2 주인공은 학교에 가려고 집을 나섰습니다.

3 주인공은 학교 가는 길에 아침 산책 다녀오는 이웃집 아저씨를 만났습니다.

4 주인공은 학교 가는 길에 치과, 꽃집, 가구점을 보았습니다.

5 발자국 그림이 오리와 같은 새의 모습으로 표현되어 있는 것으로 보아, 주인공이 공원을 가로지르며 본 것이 무엇인지 짐작할 수 있습니다.

6 길을 건널 때 조심해야 한다는 것을 나타내기 위해 발자국을 신호등으로 표현하였습니다.

정답 친해지기 ① 의자: 가구점을 표현하기 위해 발자국을 의자 모양으로 표현했습니다.
④ 선인장: 꽃집을 표현하기 위해 발자국을 선인장 모양으로 표현했습니다.

7 학교 가는 길의 즐겁고 들뜬 마음을 읽을 수 있는 그림책입니다.

8 학교 가는 길에 본 것을 떠올려, 그것을 발자국 모양으로 어떻게 표현할지 생각해 봅니다.

채점 기준 자신이 학교 가는 길에 본 것을 정하여 쓰고 그것을 잘 나타낼 수 있도록 발자국 모양을 꾸미는 방법을 쓰면 정답으로 합니다.

국어 활동 **128~129쪽**

1 (1) 손   (2) 발   **2** ⑤   **3** ③
4 과일 가게   **5** ②   **6** 낙하산
7 ⑤   **8** 이불

---

1 우리 몸과 관련된 여러 가지 낱말을 알아 둡니다.

2 발꿈치에 관한 설명입니다.

3 학교에서 우리를 가르치시는 분은 선생님입니다.

4 포도를 살 수 있는 곳이면서 네 글자의 낱말로 된 것이 무엇인지 생각해서 씁니다.

5 비가 오자 애벌레들은 나뭇잎으로 우산을 만들어 비를 피했습니다.

> **정답 친해지기** '나뭇잎 우산 만들면 되지.'라는 내용을 통해 애벌레들이 나뭇잎으로 우산을 만들었다는 것을 알 수 있습니다.

6 애벌레들은 바람이 불자 나뭇잎 낙하산을 타고 내려왔습니다.

> **정답 친해지기** '낙하산'의 뜻 알아보기
> • 낙하산: 비행 중인 항공기 따위에서 사람이나 물건을 안전하게 땅 위에 내리도록 하는 데 쓰는 기구.

7 앵두를 발견한 애벌레들은 나뭇잎으로 보자기를 만들어 싸 갔습니다.

8 '이제 나뭇잎 이불 꼭 덮고 쿨쿨.'에서 나뭇잎이 이불이 되었다는 것을 알 수 있습니다.

실천 배운 내용 마무리하기   130쪽

1 ③   **2** 할머니
3 (1) ②   (2) ①   **4** ②   **5** 연필
6 (1) ①   (2) ②   **7** ③   **8** (2) ○

---

1 이 글자판에서는 '동생', '할아버지', '할머니', '엄마', '아빠', '오빠' 등의 낱말을 찾을 수 있습니다. ③ '누나'는 가족과 관련 있는 낱말이지만 이 글자판에서 찾을 수 없습니다.

2 아버지나 어머니의 어머니를 뜻하는 말은 '할머니'입니다.

> **정답 친해지기** 아버지나 어머니의 아버지를 뜻하는 말은 할아버지입니다.

3 (1)은 '국수', (2)는 '친구'입니다.

4 '소방차'라고 써야 합니다.

5 '연필'을 나타낸 그림입니다.

6 그림에서 나타내는 낱말이 무엇인지 떠올려 봅니다.

> **정답 친해지기** '있다'와 '없다'의 뜻 알아보기
> • 있다: 사람이나 동물이 어느 곳에서 떠나거나 벗어나지 않고 머물다.
> • 없다: 사람, 동물, 물체 따위가 실제로 있지 않는 상태이다.

---

7 그림에서 친구들은 책을 읽고 있습니다. 따라서 '읽다'라고 써야 합니다.

8 친구들이 급식실에서 차례를 잘 지키고 있습니다. '차례'라고 써야 합니다.

> **정답 친해지기** '차례'의 뜻 알아보기
> • 차례: 순서 있게 구분하여 각각에게 돌아오는 기회.

단원 평가   131~133쪽

1 꽃   **2** (1) ②   (2) ①
3 ④, ⑤   **4** ②   **5** ①
6 예 눈, 코 / 입, 귀 등   **7** ③
8 ㉠: 손, ㉡: 손   **9** ⑤   **10** 형
11 ④   **12** (1) ①   (2) ②
13 몸 안에 길이 생길 것 같다고 하였다.
14 ①, ③
15 (1) 책상, 연필   (2) 시소, 미끄럼틀
16 서점   **17** ⑤
18 예 공책, 칠판 / 연필, 책상 등 **19** ③
20 예 나는 길을 건너면서 신호등을 봤다.

---

1 여자아이는 "이 꽃의 이름은 나팔꽃이야.", "이 꽃의 이름은 해바라기야."라고 알려 주었습니다.

2 (1)은 해바라기, (2)는 나팔꽃입니다. 꽃의 이름을 바르게 알아 둡니다.

3 낱말을 많이 알면 내 생각을 잘 표현할 수 있고, 책의 내용을 더 잘 이해할 수 있습니다.

4 이 그림에는 다리, 종아리, 무릎, 발이 나와 있습니다.

5 우리 몸과 관련 있는 낱말 가운데 '배'를 나타내는 그림입니다.

6 얼굴에 있는 신체 부위를 떠올려 낱말을 바르게 써 봅니다.

7 '입'을 나타낸 그림입니다. 입은 '먹다', '말하다' 등의 낱말과 어울립니다.

정답 친해지기 몸과 관련 있는 낱말과 어울리는 낱말 더 알아보기 예

코	숨쉬다, 맡다	귀	듣다
눈	보다	손	만지다, 잡다
입	먹다, 말하다, 숨쉬다		

8 우리 몸과 관련 있는 낱말 가운데 '손'과 관련된 낱말을 나타낸 그림입니다.

9 '할머니'는 아버지나 어머니의 어머니를 가리키는 말입니다.

10 가족과 관련 있는 낱말 중 나보다 나이가 많은 사람이면서 'ㅎ'이 들어 있는 한 글자의 낱말은 '형'입니다.

11 '엄마는 배추김치가 맛있대.'라고 하였습니다.

12 아빠는 뜨거운 설렁탕을, '나'는 기다란 스파게티를 좋아합니다.

13 '나'는 기다란 스파게티를 후루룩 삼키면 몸 안에 길이 생길 것 같다고 하였습니다.

> **채점 기준** '몸 안에 길이 생길 것 같다.' 등의 내용을 쓰면 정답으로 합니다.

14 학교에서 볼 수 있는 사람이나 물건을 떠올려 봅니다.

15 학교의 어느 장소에서 볼 수 있는 물건인지 생각해 써 봅니다.

정답 친해지기 학교와 관련 있는 낱말	
교실에서 볼 수 있는 것	친구, 선생님, 책, 사물함 등
운동장에서 볼 수 있는 것	칠봉, 교문, 그네, 죽구공 등

16 책을 파는 장소를 나타내는 낱말은 '서점(책방)'입니다.

17 과일과 관련 있는 곳은 과일 가게입니다.

18 공책, 책상, 의자, 가위, 필통, 칠판 등 교실에서 볼 수 있는 두 글자의 낱말을 떠올려 써 봅니다.

19 발자국을 마치 선인장처럼 표현하였습니다.

20 학교 가는 길에 본 것을 떠올려 바르게 써 봅니다.

> **채점 기준** 자신이 학교 가는 길에 본 것을 보기 의 문장처럼 쓰면 정답으로 합니다.

---

5. 반갑게 인사해요

핵심 확인 문제 136쪽

1 ○ **2** 고마워 **3** (3) ○
4 예의 **5** [거름]

준비 배울 내용 살펴보기 137쪽

1 (1) × **2** 안녕하세요?
3 예 승강기 안에서 아주머니께 인사를 드렸더니 활짝 웃으시며 "안녕?"이라고 인사해 주셨다.
4 ④, ⑤

1 '나'는 친구들, 아랫집 할머니, 강아지들에게 인사했습니다.

2 '나'는 친구들과 강아지들에게는 "안녕?"이라고 인사하고, 아랫집 할머니께는 "안녕하세요?"라고 인사했습니다.

3 이 글은 친구들, 할머니, 강아지들에게 인사하는 내용입니다. 이 글을 읽고 떠오른 자신의 생각이나 비슷한 경험을 써 봅니다.

> **채점 기준** 글의 내용과 관련된 자신의 생각이나, 친구나 웃어른께 인사한 경험을 쓰면 정답으로 합니다.

4 만나는 사람에게 인사를 하면 인사를 받는 사람과 나의 기분이 좋아지고, 서로 더 가까운 사이가 될 수 있습니다.

> **정답 친해지기** 만나는 사람에게 인사하면 좋은 점
> • 상대도 나에게 바르게 인사합니다.
> • 반가운 마음을 표현할 수 있습니다.
> • 서로 더 가까운 사이가 될 수 있습니다.
> • 인사를 받는 사람의 기분이 좋아집니다.

소단원 1 기본 알맞은 인사말 알기 138쪽

1 ① **2** (1) ① (2) ②
3 예 고마워. **4** 이안

1 ㉠은 학교 앞에서 친구를 만난 상황입니다.

> **정답 친해지기** 친구를 만난 상황에서는 "안녕?" 하고 인사하고, 선생님을 만난 상황에서는 "안녕하세요?" 하고 인사합니다.

2 할머니께서 맛있는 것을 주셨을 때는 '잘 먹겠습니다.', 학교에 갈 때 아버지께는 '학교 다녀오겠습니다.' 라고 인사합니다.

3 친구가 연필을 주워 주었을 때는 '고마워.' 등과 같은 인사말을 합니다.

4 친구가 물건을 주워 주었을 때는 진심으로 고마워하는 마음을 담아 말해야 합니다.

| 소단원 1 | 기본 상황에 알맞은 인사말 하기 | 139~140쪽 |

1 (1) ② (2) ① **2** ②, ④ **3** (2) ○
4 예 어른께 인사를 할 때는 주머니에서 손을 빼고 고개를 숙이며 "안녕하세요?"라고 인사해야 해.
5 예 친구가 달리기 대회에서 일 등을 했을 때
6 ⑤ **7** 예 정말 고맙습니다.
8 (1) 3 (2) 1 (3) 2

1 ㉠은 학교에 오는 아이에게 하는 인사말이므로 "조심히 오렴."이 알맞습니다. ㉡은 등교를 도와 주시는 웃어른께 하는 인사말이므로 "감사합니다."가 알맞습니다.

2 그림 ❸처럼 친구와 부딪쳤을 때는 "괜찮아?", "정말 미안해." 등과 같은 인사말을 해야 합니다.

3 상황에 맞게 인사한 것은 (2)입니다. (1)은 가족들과 함께 밥을 먹는 상황이므로 "잘 먹겠습니다." 등의 인사말을 해야 합니다.

4 어른께 인사할 때 주머니에 손을 넣고 반말로 인사하는 것은 알맞지 않습니다. 어른께 인사할 때는 예의 바르게 "안녕하세요?" 등의 인사말을 해야 합니다.

> **정답 친해지기** 인사를 할 때 알맞은 행동이나 마음가짐
> • 상대를 바라보며 반가운 마음으로 인사합니다.
> • 웃어른께는 예의 바르게 인사합니다.

> **채점 기준** 주머니에 손을 넣고 있는 행동이나 반말로 인사말을 한 것 가운데 한 가지만 써도 정답으로 합니다.

---

5 인사말을 주고받는 다양한 상황을 떠올려 봅니다.

6 할아버지 생신을 축하드릴 때는 할아버지께 "생신 축하드려요." 등의 인사말을 할 수 있습니다.

> **정답 친해지기** "허허, 모두 고맙구나."는 할아버지께서 하실 인사말로 알맞습니다.

7 아주머니께서 떡을 선물로 주신 상황이므로 고마운 마음을 담아 인사말을 해야 합니다.

8 인사말을 하는 상황을 정하고 모둠별로 역할을 정한 다음, 상황과 역할에 알맞게 인사말을 주고받습니다.

| 소단원 2 | 통합 동시를 듣고 따라 읽기 | 141쪽 |

1 ③ **2** ④, ⑤ **3** 예 나는 자기 전에 부모님께 "안녕히 주무세요."라고 인사해.
4 안녕

1 이 동시는 저녁에 하는 인사와 관련이 있습니다. 동시 제목도 「저녁 인사」입니다.

2 이 동시에서는 저녁 인사로 '모두 모두 잘 자요', '모두 내 꿈 꿔요'라고 했습니다.

3 자신은 저녁 시간 때 누구에게 무엇이라고 인사말을 하는지 떠올려 써 봅니다.

> **채점 기준** 저녁에 하는 인사말과 관련된 자신의 경험을 쓰면 정답으로 합니다.

4 학굣길에 만나면 '애들아 안녕', 집으로 갈 때도 헤어지기 전에 '애들아 안녕' 하고 인사한다고 했습니다.

> **정답 친해지기** 제시된 노래에서 인사를 하는 상황은 학굣길과 공부를 마치고 집으로 갈 때이고, 두 상황 모두 친구에게 '안녕' 하고 인사합니다.

| 소단원 2 | 기본 낱말 바르게 읽기 | 142~143쪽 |

1 (1) ○ **2** ④ **3** ⑤
4 ①, ⑤

1 사슴은 자신의 뿔이 아름답게 생겼다고 자랑스러워했습니다.

2 집으로 가던 사슴은 나뭇가지 사이에 뿔이 걸려 움직일 수 없었습니다.

3 '놀이터'는 [노리터]로 읽습니다.

> **정답 친해지기** '놀이터'에서 '놀'의 받침 'ㄹ'이 뒤에 오는 'ㅇ'을 만나면 뒷말 첫소리로 자연스럽게 읽혀 '놀이터'는 [노리터]로 읽습니다.

4 '국어'는 [구거]로, '걸어서'는 [거러서]로 읽습니다.

> **정답 친해지기** '국어'의 받침 'ㄱ'을 뒷말 첫소리 'ㅇ' 자리로 보내서 [구거]로 읽고, '걸어서'의 받침 'ㄹ'을 뒷말 첫소리 'ㅇ' 자리로 보내서 [거러서]로 읽습니다.

국어 활동 　　　　　144~145쪽

1 (1) ㉠ 　(2) ㉡ 　(3) ㉣ 　(4) ㉢ 　**2** (2) ○
3 예 고마워. 　**4** ① 　　**5** ①, ④
6 ③ 　　　**7** 자믈 　　**8** 예 아침에는 학교에 간다. / 학교가 끝나면 열심히 운동한다.

1 그림 ❶은 실수로 물통을 넘어뜨려 친구의 그림을 망친 상황, 그림 ❷는 길에서 아는 어른을 만난 상황, 그림 ❸은 친구에게 축하하는 상황, 그림 ❹는 다리를 다쳤는데 친구가 가방을 들어 주고 부축해 주는 상황입니다.

2 친구가 메달을 딴 상황이므로 축하한다는 인사말이 알맞습니다.

> **정답 친해지기** 상황에 알맞은 인사말 예
>
> | 상황 | 인사말 |
> |---|---|
> | 친구에게 미안한 상황 | 미안해. |
> | 아는 어른을 만난 상황 | 안녕하세요? |
> | 친구에게 고마운 상황 | 고마워. |
> | 친구에게 축하하는 마음을 전하는 상황 | 축하해. |

3 친구가 연필을 빌려준 상황에서는 "고마워." 등의 인사를 해야 합니다.

4 ①은 친구나 동생에게 하는 인사말입니다.

5 이 노랫말에서는 '시계, 똑딱똑딱, 아침부터, 밤이 돼도'가 반복됩니다.

6 '같은'은 [가튼]으로 소리 납니다.

7 '잠을'은 [자믈]로 소리 납니다.

8 하루 동안 무슨 일을 하는지 아침, 점심, 저녁 등 시간을 나누어 생각해 봅니다.

실천 배운 내용 마무리하기 　　　146쪽

1 (2) ○ 　　　**2** 예 다녀오겠습니다.
3 해설 참조 　　**4** 바라미 부러요
5 ③ 　　　　**6** 수지
7 예 네, 물건을 찾아 주셔서 고맙습니다.

1 친구가 상을 받았을 때는 "축하해."라고 인사해야 합니다.

2 학교에 갈 때는 "다녀오겠습니다." 등의 인사말을 합니다.

3

'먹이'는 [머기], '월요일'은 [워료일], '악어'는 [아거], '울음'은 [우름], '나들이'는 [나드리]로 소리 납니다.

> **정답 친해지기** 받침이 있는 글자의 바로 뒤에 오는 글자가 '이', '요', '어', '음'과 같이 'ㅇ'으로 시작할 때만 받침을 뒷말 첫소리로 자연스럽게 이어서 읽습니다.

4 '바람이'는 [바라미], '불어요'는 [부러요]로 소리 납니다.

5 선생님께서 "네가 찾던 필통이 여기 있단다."라고 하셨으므로 남자아이가 필통을 잃어버려 찾고 있었음을 알 수 있습니다.

6 선생님께서 물건을 찾아 주셨을 때에는 감사함을 표현해야 하는데, "하하, 다행이다."라는 말은 예의 바르게 마음을 표현하는 방법으로 알맞지 않습니다.

7 그림 ❸에서 선생님께서 하신 말씀을 살펴보면 잃어버린 필통을 찾아 주신 선생님께 무엇이라고 말해야 하는지 알 수 있습니다. 선생님께서 물건을 찾아 주셨을 때는 감사함을 표현하는 인사말을 먼저 해야 합니다.

단원 평가 147~149쪽

1 은수 **2** 📗 서로 더 가까운 사이가 될 수 있다. 등 **3** ⑤ **4** ④
5 ③ **6** 📗 높임말을 사용하지 않고 주머니에 손을 넣은 자세로 인사하였다.
7 (3) × **8** (1) × **9** ①
10 (3) ○ **11** 모두 모두 잘 자요 / 모두 내 꿈 꿔요 **12** ⑤ **13** 📗 아침에 교실에서 친구들에게 '안녕?'이라고 인사했어.
14 (1) ② (2) ① **15** 뿔
16 ⓓ **17** 모교일 **18** ②, ③
19 고마워. **20** ⑤

1 친구를 만나면 "안녕?"이라고 인사합니다.

2 만나는 사람에게 인사하면 인사를 받는 사람의 기분이 좋아지고, 상대도 나에게 바르게 인사합니다. 또 서로 더 가까운 사이가 될 수 있습니다.

> **채점 기준** 만나는 사람에게 인사했을 때의 좋은 점을 한 가지 바르게 쓰면 정답으로 합니다.

3 학교에 갈 때는 "학교 다녀오겠습니다." 등의 인사말을 해야 합니다.

4 다른 사람이 상을 받았을 때는 축하하는 마음이 드러나게 "축하해." 등의 인사말을 해야 합니다.

5 우리들이 안전하게 등교할 수 있도록 도와주시는 어른께는 "감사합니다."라고 인사말을 해야 합니다.

6 높임말을 사용하지 않고 주머니에 손을 넣은 채 인사하였습니다. 어른께 인사할 때는 주머니에서 손을 빼고 고개를 숙이며 "안녕하세요?"라고 인사합니다.

> **정답 친해지기** 주머니에 손을 넣은 것이나 고개를 숙이지 않고 "안녕?"이라고 말한 것 가운데 한 가지만 써도 정답으로 합니다.

7 어른께 인사할 때는 바른 자세로 고개를 숙이며 공손하게 인사해야 합니다.

8 할아버지 생신을 축하드릴 때는 "할아버지, 생신 축하드립니다(축하드려요)."라고 인사말을 해야 합니다.

9 실수로 친구의 물통을 넘어뜨려 친구가 그린 그림을 망친 상황이 제시되어 있습니다. 이런 때에는 "미안해."라고 말해야 합니다.

> **정답 친해지기** "죄송합니다."는 웃어른께 잘못을 했을 때 하는 인사말입니다.

10 이 시에서 한 인사는 저녁에 하는 인사입니다.

11 이 시에서는 '모두 모두 잘 자요', '모두 내 꿈 꿔요'라고 인사했습니다.

12 학교에서 수업이 끝나고 집으로 갈 때 선생님께는 "선생님, 안녕히 계세요." 등의 인사말을 할 수 있습니다.

13 이 노래에는 '안녕'이라는 인사말이 나옵니다. 언제, 누구에게 '안녕'이라는 인사말을 했는지, 또 '안녕'이라는 인사말 대신 어떤 인사말을 할 수 있는지 생각해 봅니다.

> **채점 기준** "안녕?"이라는 인사말을 한 경험이나 학굣길 또는 하교길에 인사한 경험을 쓰고 그 대상이 알맞으면 정답으로 합니다.

14 사슴은 자신의 뿔을 보며 아름답다고 생각했고, 다리는 약해 보이고 가늘어 불만이었습니다.

15 사슴은 늘 자랑스럽게 여기던 뿔이 나뭇가지 사이에 걸려 한 발짝도 움직일 수 없었습니다.

16 ㉠ '사슴은'은 [사스믄], ㉡ '뿔을'은 [뿌를], ㉢ '걸음'은 [거름], ㉣ '집으로'는 [지브로]로 소리 납니다.

17 '목요일'에서 받침 'ㄱ' 뒤에 'ㅇ'이 오면 'ㄱ'을 뒷말 첫소리로 자연스럽게 이어서 [모교일]로 읽습니다.

18 '밤이'는 [바미], '잠을'은 [자믈]로 읽습니다.

19 도움을 받았을 때는 "고마워." 등의 인사말을 해야 합니다.

20 내가 잃어버린 물건을 선생님께서 찾아 주시면 "찾아 주셔서 감사합니다."라고 인사해야 합니다.

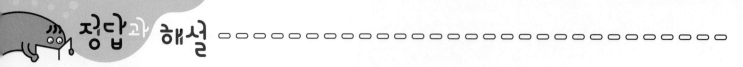
6. 또박또박 읽어요

핵심 확인 문제 152쪽

1 ○   **2** 뜻   **3** 문장 부호
4 (1) ×   (2) ○   **5** ∨

준비 배울 내용 살펴보기 153~154쪽

1 ④   **2** 가면   **3** ⑤
4 현우   **5** ①   **6** 밤
7 ③   **8** 띄어

1 책에 나오는 아이는 자전거를 타고 있습니다.

2 여우는 '타면'을 '가면'으로 읽었습니다.

3 여우가 '타면'을 '가면'으로 읽어서 토끼가 여우의 말을 이해하지 못했습니다.

> **정답 친해지기** 문장을 정확하게 읽지 않으면 듣는 사람이 뜻을 알기 어렵습니다.

4 여우와 토끼의 상황을 보았을 때, 문장을 정확하게 읽지 않으면 뜻이 잘 전달되지 않는다는 것을 알 수 있습니다.

5 의자에 앉아 있는 남자아이와 여자아이는 소리 내어 책을 읽고 있습니다.

6 ㉠과 같이 띄어 읽으면 '오늘 밤'에 나무를 심자는 뜻이 됩니다.

7 ㉡은 오늘, '밤나무'를 심자는 뜻입니다.

8 남자아이와 여자아이가 문장을 어디에서 띄어 읽는지에 따라 똑같은 문장의 뜻이 완전히 달라졌습니다.

소단원 1 기본 여러 가지 문장 읽기 155~156쪽

1 ④   **2** 예 친구들이 기뻐합니다.
3 ㉡   **4** 아기가   **5** ⑤
6 (1) 물   (2) 사이좋은   (3) 여름
7 국수   **8** 예 친구들이 줄넘기를 합니다.

1 친구들은 신나게 물놀이를 하고 있습니다.

2 '물이 시원합니다.' 등과 같이 그림을 보고 떠오르는 문장을 자유롭게 써 봅니다.

> **정답 친해지기** 그림을 보고 떠올릴 수 있는 문장 예
> • 물이 시원합니다.
> • 친구들이 기뻐합니다.
> • 엄마가 앉아 있습니다.
> • 친구들이 물놀이를 합니다.
> • 엄마가 카메라를 들고 있습니다.

3 문장을 소리 내어 읽어 보고 알맞은 그림을 찾아봅니다. 문장에 알맞은 그림은 강아지가 뛰어가고 있는 그림 ㉡입니다.

4 그림 ㉣에서 아기가 활짝 웃고 있습니다.

5 '나는 초등학생이 되었습니다.'라고 하였습니다.

6 그림을 보고 각각 무엇이 되었는지 생각하여 씁니다.

7 '무엇을' 먹었느냐고 물었으므로 '국수'에 ○표를 해야 합니다.

8 '무엇을'에 해당하는 말을 넣어 문장을 만들어 써 봅니다.

> **채점 기준** '무엇을'에 해당하는 말을 넣어 문장을 자연스럽게 쓰면 정답으로 합니다.

소단원 1 기본 문장의 뜻을 생각하며 읽기 157쪽

1 ②, ④   **2** (2) ○   **3** 시소
4 예 누나가 실내화를 신습니다.

1 호랑이는 철봉에서 턱걸이를 하고 있고, 곰은 모래 위에 앉아 모래성을 완성하였습니다.

2 그림에서 하마는 그네를 밀고 있는 것이 아니라 그네를 타고 있습니다.

3 토끼와 다람쥐는 놀이터에서 시소를 타고 있습니다.

> **정답 친해지기** 그림의 내용에 어울리는 문장을 말해 보기
> • 원숭이가 달립니다.
> • 하마가 그네를 탑니다.
> • 곰이 모래성을 만듭니다.
> • 호랑이가 턱걸이를 합니다.
> • 토끼와 다람쥐가 시소를 탑니다.

4 그림을 잘 살펴보고 누가 무엇을 하고 있는지 문장으로 만들어 써 봅니다.

> **채점 기준** 누가 무엇을 하고 있는지 그림에 맞게 쓰면 정답으로 합니다.

소단원 2 **기본** 문장 부호의 쓰임 알기 · 158~159쪽

1 ④ **2** 맛있는 감이 열리는 나무
3 , / ?
4 (4) × **5** (1) ③ (2) ④ (3) ① (4) ②
6 ㉢ **7** `,` `!` **8** ①, ④
9 ㉡ ∨, ㉢ ∨

1 할아버지께서는 '바람이 심하게 불던 날에 쓰러지고 말았어.'라고 하셨습니다.

2 남자아이는 맛있는 감이 열리는 나무가 한 그루 있으면 좋겠다고 했고, 할아버지께서 오늘 마당에 감나무를 심자고 하셨습니다.

3 이 문장에는 ',(쉼표)'와 '?(물음표)'가 쓰였습니다.

4 '!'의 이름은 느낌표입니다.

> **정답 친해지기** 문장 부호의 모양과 이름, 쓰임
>
> | 모양 | 이름 | 쓰임 |
> |---|---|---|
> | , | 쉼표 | 부르는 말이나 대답하는 말 뒤에 씁니다. |
> | . | 마침표 | 설명하는 문장 끝에 씁니다. |
> | ? | 물음표 | 묻는 문장 끝에 씁니다. |
> | ! | 느낌표 | 느낌을 나타내는 문장 끝에 씁니다. |

5 각 문장 부호와 그 쓰임을 바르게 연결해 봅니다.

6 묻는 문장의 끝에는 '?(물음표)'를 써야 합니다.

7 '그래' 뒤에는 부르는 말이나 대답하는 말 뒤에 쓰는 ',(쉼표)'를, '좋은 생각이구나' 뒤에는 느낌을 나타내는 문장 끝에 쓰는 '!(느낌표)'를 써야 합니다.

8 ',(쉼표)' 뒤에는 ∨를 하고 조금 쉬어 읽습니다.

9 '.(마침표)'나 '!(느낌표)' 뒤에는 ∨를 하고 ',(쉼표)'보다 조금 더 쉬어 읽습니다.

소단원 2 **통합** 자연스럽게 문장 읽기 · 160쪽

1 ② **2** 필통 **3** 해설 참조
4 우아, ∨ 살아 있는 진짜 코끼리다! ∨

1 글과 그림을 살펴보면 코끼리가 꽃에서 나왔고 그것을 본 '나'는 "코끼리다!"라고 외쳤습니다.

2 '나'는 "내 필통 구경할래?"라고 하면서 가방에서 필통을 꺼내 코끼리에게 보여 주었습니다.

3 이 문장에는 '!(느낌표)'와 '.(마침표)'와 ',(쉼표)'가 쓰였습니다.

> 코끼리다⃝!
> 손을 내밀자 톡 떨어진다⃝.
> 눈을 깜빡깜빡⃝, 귀를 팔랑팔랑⃝, 긴 코를 살랑살랑 흔든다⃝.

4 ',(쉼표)' 뒤에는 ∨를 하고 조금 쉬어 읽고 '!(느낌표)' 뒤에는 ∨를 하고 ',(쉼표)'보다 조금 더 쉬어 읽습니다.

> **정답 친해지기** 문장 부호에 알맞게 띄어 읽기를 해야 하지만, 너무 기계적으로 읽지는 말아야 합니다. 띄어 읽는 지점이 정해져 있다고 생각하지 말고, 문장을 자연스럽게 읽는 데 초점을 맞추어 읽습니다.

국어 활동 · 161~163쪽

1 (1) ○ **2** ④ **3** 예 편지를
4 ④ **5** 예 여우가 납작한 접시에 음식을 담아 내놓아서 **6** ⑤
7 (1) `,` (2) `?` **8** (2) ○
9 두루미야, ∨ 지난번에 내가 준비한 음식을 먹지 못했지? ∨ **10** ⑤ **11** ②
12 (2) ○

1 그림 ❶에서 친구가 '무엇'을 먹고 있는지 살펴봅니다.

2 그림 ❷의 친구는 줄넘기를 하고 있고, 그림 ❸의 친구는 사진을 찍고 있습니다.

3 그림 ❹에서 친구는 편지를 쓰고 있습니다.

4 글 ㉮에서 여우가 두루미를 저녁 식사에 초대했습니다.

5 여우가 납작한 접시에 음식을 담아 내놓았는데 두루미는 부리가 길어서 음식을 먹을 수 없었습니다.

6 물음표는 원고지 칸의 가운데에 씁니다.

> **정답 친해지기** 문장 부호 중 물음표와 느낌표만 원고지 칸의 가운데에 씁니다.

7 부르는 말 뒤에는 ',(쉼표)'를 쓰고 묻는 문장의 끝에 는 '?(물음표)'를 씁니다.

8 '?(물음표)' 뒤에는 ∨∨를 하고 ',(쉼표)'보다 조금 더 쉬 어 읽습니다.

9 ',(쉼표)' 뒤에는 ∨를 하고 조금 쉬어 읽고 '?(물음표)' 뒤에는 ∨∨를 하고 ',(쉼표)'보다 조금 더 쉬어 읽습니다.

10 수지와 코끼리는 친구이고, 수지는 코끼리와 떨어진 적이 없다고 했습니다.

11 엄마는 친구들이 코끼리를 보면 놀릴 거라면서 코끼 리를 두고 가라고 하셨습니다.

12 ',(쉼표)' 뒤에는 ∨를 하고 조금 쉬어 읽어야 합니다.

실천 배운 내용 마무리하기 164쪽

1 (1) ① ○ (2) ② ○
2 (1) ④ (2) ② (3) ① (4) ③ **3** (1) ○
4 축구 **5** ③
6 (1) ! (2) 느낌을 나타내는 문장 끝에 쓴다.

1 (1)에서는 친구들이 '무엇을' 하고 있는지 살펴봅니다. (2)에서는 할머니와 '어디에' 가는지 살펴봅니다.

2 각 문장 부호를 언제 쓰는지 생각해 봅니다.

3 '짧다'에 어울리는 그림입니다.

> **정답 친해지기** 화살표가 긴 연필 쪽을 가리키고 있다면 그림에 알맞은 낱말은 '길다'입니다.

4 오빠가 친구랑 운동장에서 축구를 할 거라고 했더니 동생이 같이 놀자고 했습니다.

5 부르는 말과 대답하는 말 뒤에 있으므로 ㉠에는 ',(쉼 표)'를 쓰고, 묻는 문장 끝에 있으므로 ㉡에는 '?(물음 표)'를 써야 합니다.

6 ㉢에는 '!(느낌표)'가 들어가야 합니다. '!(느낌표)'는 느낌을 나타내는 문장 끝에 씁니다.

단원 평가 165~167쪽

1 ㉡ **2** 준수 **3** 물이
4 ③ **5** 얼음, 물
6 수영 **7** (1) ○ **8** ⑤
9 ⑤ **10** 해설 참조
11 ③ **12** (1) 쉼표 (2) 느낌표
13 (1) 부르는 말이나 대답하는 말 뒤에 쓴다.
(2) 느낌을 나타내는 문장 끝에 쓴다.
14 ②, ⑤ **15** ⑤ **16** !
17 내 필통 구경할래?∨∨ **18** 예 작은 사 자를 만나고 싶다. 사자는 늘 무서웠는데 사자가 작아지면 먹이도 주고 함께 놀고 싶다.
19 축구 **20** (1) ② (2) ①

1 ㉠은 '오늘 밤에 나무를 심자.'라는 뜻입니다.

2 ㉠과 ㉡은 문장은 같지만 어디를 띄어 읽는지에 따라 전혀 다른 뜻이 되었습니다.

> **정답 친해지기** '오늘 밤' 다음에 띄어 읽는지, '오늘' 다 음에 띄어 읽는지에 따라 문장의 의미가 달라집니다.

3 그림을 볼 때 '물이 시원합니다.'가 알맞은 문장입니다.

4 '누가 무엇을' 하는지 생각해 봅니다.

5 '무엇이 무엇이 되었는지' 생각해 봅니다. 그림을 살 펴보면 얼음이 물이 되었다는 것을 알 수 있습니다.

6 '무엇을' 하고 있냐고 물었으므로 '수영'에 ○표를 해 야 합니다.

7 원숭이가 달리고 있습니다.

8 친구가 '아이스크림'을 먹고 있습니다. 누가 무엇을 하고 있는지 잘 살펴봅니다.

9 남자아이는 마당에 나무가 한 그루 있으면 좋겠다고 했습니다.

10 ㉠에는 ',(쉼표), ?(물음표), .(마침표), !(느낌표)'가 쓰였습니다.

> 남자아이: 할아버지, 왜 마당에 나무가 한 그루도 없어요?
> 할아버지: 예전에는 나무가 있었단다. 네 키보다 더 컸었지!

11 그 나무가 어디로 갔냐고 묻는 문장이므로 '?(물음표)'가 들어가야 합니다.

12 ⓒ에는 ',(쉼표)'와 '!(느낌표)'가 쓰였습니다.

13 ',(쉼표)'는 부르는 말이나 대답하는 말 뒤에 쓰고 '!(느낌표)'는 느낌을 나타내는 문장 끝에 씁니다.

> **채점 기준** (1)과 (2)의 문장 부호의 쓰임을 모두 알맞게 쓰면 정답으로 합니다.

14 . 뒤에는 ∨를 하고 조금 쉬어 읽고, ., ?, ! 뒤에는 ∨를 하고 . 보다 조금 더 쉬어 읽습니다.

15 '나'는 가방에서 필통을 꺼내 코끼리에게 보여 주었습니다.

16 느낌을 나타내는 문장 끝에는 '!(느낌표)'를 씁니다.

17 '?(물음표)' 뒤에는 ∨를 하고 ',(쉼표)'보다 조금 더 쉬어 읽습니다. 단 글이 끝나는 곳에서는 ∨를 하지 않습니다.

18 이 글에서는 몸집이 아주 큰 코끼리가 매우 작아져서 내 손에 톡 떨어지고 필통에도 들어갑니다. 자신이 만나고 싶은 작은 동물은 무엇인지 상상해 봅니다.

> **채점 기준** 만나고 싶은 작은 동물이 무엇인지 쓰고, 그 동물과 하고 싶은 일이 무엇인지 구체적으로 쓰면 정답으로 합니다.

19 동생은 축구를 좋아하냐는 오빠의 물음에 좋아한다고 대답하였습니다.

20 ㉠은 묻는 문장의 끝이므로 '?(물음표)', ㉡은 부르거나 대답하는 말 다음이므로 ',(쉼표)'를 씁니다.

> **정답 친해지기** 여러 가지 문장 부호 사용의 **예**
>
> | 쉼표(,) | • 같은 자격의 어구를 열거할 때에도 씁니다.
• '쉼표' 대신 '반점'이라는 용어를 쓸 수도 있습니다. |
> |---|---|
> | 마침표(.) | • 아라비아 숫자만으로 연월일을 표시할 때에도 씁니다.
• '마침표' 대신 '온점'이라는 용어를 쓸 수도 있습니다. |
> | 물음표(?) | 모르거나 불확실한 내용임을 나타낼 때에도 씁니다. |
> | 느낌표(!) | • 물음의 말로 놀람이나 항의의 뜻을 나타내는 경우에도 씁니다.
• 감정을 넣어 대답하거나 다른 사람을 부를 때에도 씁니다. |

7. 알맞은 낱말을 찾아요

> **핵심 확인 문제**   170쪽
>
> **1** 문장   **2** ×   **3** 무엇
> **4** (1) ○   **5** ○

> **준비** 배울 내용 살펴보기   171쪽
>
> **1** ③   **2** ①, ⑤
> **3** (1) 꿀 (2) 냄비   **4** (2) ○

1 그림 ❶에서 곰이 "요리를 배우러 왔습니다."라고 했습니다.

2 사자가 문장으로 설명하지 않고 낱말로만 말했기 때문에 곰은 사자의 설명을 알아듣기 어려웠습니다.

> **정답 친해지기** 사자가 곰에게 설명한 방식
> 한 문장으로 말할 수 있는 내용을 낱말로만 표현하였고, 곰이 질문한 내용에도 낱말로만 대답했습니다.
>
> | 넣으세요. | 무엇을 넣으라는 것인지 알 수 없음. |
> |---|---|
> | 꿀을! | 어디에 넣으라는 것인지 알 수 없음. |
> | 냄비에! | 완전한 문장으로 말하지 않음. |

3 사자는 "꿀을 냄비에 넣으세요."라고 말하고 싶었을 것입니다.

4 하고 싶은 말을 문장으로 표현하면 자신의 생각이나 전달할 내용을 상대에게 보다 정확하게 전달할 수 있습니다.

> **소단원 1**   **기본** 여러 가지 받침이 있는 낱말 읽고 쓰기   172쪽
>
> **1** **예** '박'은 받침으로 'ㄱ'이 한 개 들어가는데, '밖'은 받침으로 'ㄱ'이 두 개 들어간다.
> **2** (1) 낚, 갔 (2) 닦, 닦았   **3** ②
> **4** (1) 볶 (2) 깎
> **5** (1) 닦다 (2) 묶다 (3) 갔다 (4) 샀다

1 '박'과 '밖'은 받침이 서로 다릅니다. 받침 'ㄱ'과 'ㄲ'의 모양이 어떻게 다른지 살펴봅니다.

정답과 해설

> **채점 기준** '박'과 '밖'의 받침 모양이 어떻게 다른지 정확하게 쓰면 정답으로 합니다.

2 '낚시'의 '낚', '안경닦이'와 '닦았다'의 '닦'에 'ㄱ'이 겹쳐서 들어간 'ㄲ'이 받침으로 쓰였습니다. 또 '갔다'의 '갔', '닦았다'의 '았'에 'ㅅ'이 겹쳐서 들어간 'ㅆ'이 받침으로 쓰였습니다.

3 '찼'과 '찻'은 받침은 다르지만 소리는 [찬]으로 같습니다.

> **정답 친해지기** 받침 'ㅆ'은 받침 'ㅅ'처럼 발음하기 때문에 '찼'과 '찻'은 받침은 다르지만 소리는 같습니다.

4 (1) '볶'을 넣으면 '떡볶이'와 '볶음밥'이 됩니다. (2) '깎'을 넣으면 '손톱깎이'와 '연필깎이'가 됩니다.

5 글자의 짜임과 쌍받침의 모양을 생각하며 낱말을 바르게 써 봅니다.

> **정답 친해지기** 그림 ❶에 어울리는 문장 ⑩
> • 해가 떴습니다. • 나는 기지개를 켭니다.
> • 참새가 날아갑니다. • 배가 지나갑니다.

6 나는 화장실 안에서 이를 닦고 있고, 동생은 화장실 문을 살짝 열고 문을 두드리는 상황을 나타내는 그림입니다.

7 (1) '닦습니다'와 어울리는 말은 '이를'입니다. (2) '두드립니다'와 어울리는 말은 '문을'입니다.

8 그림 ❸을 보면 아버지는 사과를 깎고 계시고, 어머니는 식탁을 닦고 계십니다.

9 그림 ❸에서 아이가 물을 어떻게 하는지 잘 살펴보고, 어울리는 문장을 만들어 봅니다.

> **채점 기준** 그림 ❸의 아이가 물을 어떻게 하는지 표현한 내용을 완전한 문장으로 만들어 쓰면 정답으로 합니다.

소단원 1 [기본] 그림을 보고 낱말 찾기 (173~175쪽)

1 ④ **2** (1) ① (2) ③ (3) ②
3 (1) 달리기 (2) 호랑이 (3) 연 (4) 타요
4 ④ **5** ⑤ **6** ④
7 (1) 이를 (2) 문을
8 (1) ② (2) 닦습니다
9 ⑩ 아이는 물을 마십니다.

1 원숭이와 여우는 서로 반대 방향으로 가고 있습니다.

2 (1) 곰과 사슴이 야구를 하는 모습이므로 '야구'와 어울립니다. (2) 강아지가 줄넘기를 하는 모습이므로 '줄넘기'와 어울립니다. (3) 여우가 자전거를 타는 모습이므로 '자전거'와 어울립니다.

3 (1) 원숭이가 달리기를 합니다. (2) 호랑이가 훌라후프를 합니다. (3) 사자가 하늘에 연을 날립니다. (4) 여우가 자전거를 탑니다.

4 아이는 침대에서 자고 있는 것이 아니라 일어나서 기지개를 켜고 있습니다.

5 ㉠에 '참새가'를 넣어 '참새가 날아갑니다.'라는 문장을 만들 수 있습니다.

소단원 2 [기본] 그림을 보고 문장으로 말하기 (176~177쪽)

1 ⑩ 한복이 있습니다. / 장미가 예쁩니다.
2 (1) ④ (2) ③ (3) ① (4) ②
3 (1) 과일 (2) 장미는 (3) 오리는
4 ② **5** ③ **6** ②
7 (1) 토끼 (2) 원숭이 (3) 곰
8 (1) 딸기를 (2) 피아노를 (3) 부릅니다 (4) 춥니다

1 그림에 어울리는 문장을 떠올려 써 봅니다.

> **채점 기준** 한복, 복숭아, 장미, 오리 가운데 하나를 골라 완전한 문장을 만들어 쓰면 정답으로 합니다.

> **정답 친해지기** 그림 ㉮~㉱를 보고 문장으로 말하기 ⑩
> • 그림 ㉮: 한복은 옷입니다.
> • 그림 ㉯: 복숭아는 과일입니다.
> • 그림 ㉰: 장미는 꽃입니다.
> • 그림 ㉱: 오리는 동물입니다.

2 (1) '한복'은 '옷'과 연결할 수 있습니다. (2) '복숭아'는 '과일'과 연결할 수 있습니다. (3) '장미'는 '꽃'과 연결할 수 있습니다. (4) '오리'는 '동물'과 연결할 수 있습니다.

3 무엇이 무엇에 포함되는지 생각하며 알맞은 낱말을 넣어 문장을 완성합니다.

4 '오리'는 '옷'에 포함되지 않으므로 빈칸에 '옷입니다'가 들어가는 것은 어울리지 않습니다.

5 케이크는 아무도 먹고 있지 않습니다. 호랑이는 춤을 추고 있습니다.

6 곰은 마이크를 들고 노래를 부르고 있습니다.

> **정답 친해지기** ① 토끼는 딸기를 먹고 있습니다.
> ③ 호랑이는 춤을 추고 있습니다.
> ④ 원숭이는 피아노를 치고 있습니다.
> ⑤ 동물들은 모여 생일잔치를 하고 있습니다.

7 (1) 토끼가 딸기를 먹습니다. (2) 원숭이가 피아노를 칩니다. (3) 곰이 노래를 부릅니다.

8 그림 속 동물들이 무엇을 하는지 살펴보고, 빈칸에 알맞은 말을 넣습니다.

소단원 2	**통합** 여러 가지 문장 완성하기	178~179쪽

1 ⑤ **2** 휘둥그레 **3** ⑤
4 고양이가 **5** ②
6 (1) 헤엄을 (2) 탑니다
7 (1) ② (2) ①
8 **예** 『콩쥐팥쥐』 **예** 콩쥐가 무사히 원님이 벌인 잔치에 가서 즐겁게 지낸 장면

1 고양이는 아이들이 그림책을 보고 있는 모습을 보면서 아이들이 읽고 있는 책이 재미있는지 궁금해졌습니다.

2 놀라거나 두려워서 눈이 크고 동그랗게 되는 모양을 나타내는 말은 '휘둥그레'입니다.

> **정답 친해지기** '뒹굴뒹굴'은 '누워서 자꾸 이리저리 구르는 모양.'을 나타내는 낱말이고, '키득키득'은 '참다못하여 입속에서 자꾸 새어 나오는 웃음소리. 또는 그 모양.'을 뜻하는 낱말입니다.

3 고양이는 그림책에 푹 빠져서 매일 밤 신기한 여행을 떠났다고 했습니다.

4 빈칸에 '누가'에 해당하는 말을 넣어 고양이가 책을 보고 있는 그림에 어울리는 문장을 완성합니다.

5 고양이는 그림책을 읽으며 같이 상상 여행을 하면서 놀면 재미있을 것 같아 같이 놀자고 했습니다.

6 (1) 고양이가 헤엄을 치는 그림이므로 '헤엄을'을 넣어 문장을 완성합니다. (2) 친구들이 기차에 타고 있는 그림이므로 '탑니다'를 넣어 문장을 완성합니다.

7 (1) '번쩍'은 '몸의 한 부분을 갑자기 위로 높이 들어 올리는 모양.'을 뜻합니다. (2) '용감한'은 '용기가 있으며 씩씩하고 기운찬.'을 뜻합니다.

8 가장 재미있게 읽었던 책의 제목을 쓰고, 그 책의 어떤 점이 재미있었는지 써 봅니다.

> **채점 기준** 도서관에서 빌린 책 가운데에서 가장 재미있게 읽었던 책의 제목과 어떤 점이 재미있었는지를 모두 쓰면 정답으로 합니다.

국어 **활동**	180~182쪽

1 ② **2** (1) 안에 (2) 옆에 (3) 걸려
(4) 놓여 **3** ①
4 (1) 있습니다 (2) 땁니다 (3) 뛰어다닙니다
(4) 자릅니다 **5** (1) 기침 (2) 바람
6 ③ **7** (1) 나뭇가지 / 나무 (2) 모자
(3) 물통 (4) 산책을 합니다 / 걷고 있습니다
8 ③ **9** 곶감 **10** ①, ⑤
11 거름

1 그림 ❶에 '책장'은 보이지 않습니다.

2 그림을 잘 살펴서 ㉠~㉣에 들어갈 말을 **보기** 에서 찾아 씁니다.

3 아이들은 원두막에서 수박을 먹고 있습니다.

> **정답 친해지기** 그림 ❷에서 아이들의 모습을 문장으로 만들어 보기 **예**
> • 아이들은 원두막에 있습니다.
> • 아이들이 수박을 먹습니다.

4 그림을 잘 살펴서 ㉤~㉦에 들어갈 말을 **보기** 에서 찾아 씁니다.

5 (1) 마스크를 쓴 아이가 기침을 하는 모습을 문장으로 표현합니다. (2) 모자가 바람에 날아가는 상황을 문장으로 표현합니다.

6 그림에서 친구들은 축구공을 차면서 놀고 있습니다.

7 그림을 잘 살펴서 ㉠~㉣에 들어갈 말을 넣어 문장을 완성합니다.

8 호랑이는 먹을 것을 구하러 마을로 내려갔습니다.

9 아가는 엄마가 곶감 얘기를 하자 울음을 그쳤습니다.

10 호랑이는 자기보다 무서운 곶감이 왔다고 생각해서 곶감을 피해 도망갔습니다.

11 '걸음'은 [거름]으로 소리 납니다.

실천 배운 내용 마무리하기 183쪽

1 ③
2 자전거는 4층 창고에 있습니다.
3 (1) 낚시를 (2) 탔습니다 (3) 닦았습니다
4 (1) ② (2) ① (3) ③
5 (1) 입다 (2) 끼다 (3) 쓰다 (4) 묶다

1 생쥐가 침대에서 잠을 자고 있으므로 '생쥐가 잠을 잡니다.'로 표현해야 합니다.

> **정답 친해지기** ① 여우가 식탁에서 차를 마시고 있으므로, '여우가 차를 마십니다.'로 표현해야 합니다.
> ② 토끼가 소파에 앉아 신문을 보고 있으므로, '토끼가 신문을 봅니다.'로 표현해야 합니다.
> ④ 곰이 침대에서 재채기를 하고 있으므로, '곰이 재채기를 합니다.'로 표현해야 합니다.
> ⑤ 부엉이가 하늘에서 집을 향해 날아가고 있으므로, '부엉이가 집으로 날아갑니다.'로 표현해야 합니다.

2 그림에서 자전거가 어디에 있는지 살펴본 후, 보기 의 말을 넣어 문장을 완성해 봅니다.

3 (1) '하십니다'와 어울리는 말은 '낚시를'입니다. (2) '버스를'과 어울리는 말은 '탔습니다'입니다. (3) '이를'과 어울리는 말은 '닦았습니다'입니다.

> **정답 친해지기** 누가 무엇을 하는지 생각하여 문장을 완성해 봅니다. '낚시'는 '하다'와, '버스'는 '타다'와, '이'는 '닦다'와 어울립니다.

4 (1) '바지'는 '입다'와 어울립니다. (2) '양말'은 '신다'와 어울립니다. (3) '모자'는 '쓰다'와 어울립니다.

---

5 (1) '옷'은 '입다'와 어울립니다. (2) '반지'는 '끼다'와 어울립니다. (3) '우산'은 '쓰다'와 어울립니다. (4) '신발끈'은 '묶다'와 어울립니다.

단원 평가 184~186쪽

1 ④   **2** ②   **3** (1) ○
4 ㉡   **5** 깎   **6** ③
7 ⑤   **8** 자전거   **9** 이를, 문을
10 예 아빠는 수박을 땁니다. 등   **11** ②
12 ④   **13** 노래를 부릅니다
14 ②, ⑤   **15** ②, ⑤   **16** ②
17 고양이가 책을 바라봅니다
18 예 나는 친구들과 도서관에 가서 내가 좋아하는 책을 빌려 온 적이 있다.   **19** ②, ⑤
20 (1) ① (2) ③ (3) ④ (4) ②

1 사자는 '넣으세요!', '꿀을!', '냄비에!'와 같이 낱말로만 말하고 있습니다. 사자가 말한 낱말을 모두 합쳐 한 문장으로 말하면 "꿀을 냄비에 넣으세요."로 표현할 수 있습니다.

2 그림 ❹에서 곰은 설명을 알아듣기 어렵다고 생각하였습니다.

3 사자에게는 하고 싶은 말을 낱말이 아니라 문장으로 표현해야 한다는 것을 말해 주어야 합니다.

4 '박'의 받침 'ㄱ'과 '밖'의 받침 'ㄲ'은 발음이 [ㄱ]으로 같습니다.

5 빈칸에 공통으로 들어갈 글자는 '깎'입니다. 빈칸에 '깎'을 넣어 '손톱깎이'와 '연필깎이'를 완성할 수 있습니다.

6 그림에서 강아지가 줄넘기를 하고 있습니다.

7 그림에서 인물의 행동을 살펴보고, '물을' 다음에 들어갈 알맞은 말을 찾습니다.

> **정답 친해지기** 어울리는 낱말 예
> ① 기릅니다: '강아지를', '화초를' 등이 어울립니다.
> ② 깎습니다: '잔디를', '머리를' 등이 어울립니다.
> ③ 떴습니다: '해가', '달이' 등이 어울립니다.
> ④ 버립니다: '쓰레기를', '휴지를' 등이 어울립니다.

8 여우가 타는 것은 자전거이므로, 빈칸에 '자전거'를 넣습니다.

9 그림 속 인물의 행동을 잘 살펴보고, 그림의 내용을 문장으로 표현해 봅니다.

10 그림 속 인물이 무엇을 하고 있는지 살펴보고 문장으로 표현해 봅니다.

> **채점 기준** 그림에 나오는 인물이 무엇을 하고 있는지 완전한 문장으로 쓰면 정답으로 합니다.

> **정답 친해지기** 그림을 보고 누가 무엇을 하고 있는지 문장으로 쓰기 **예**
> • 아빠는 수박을 땁니다.
> • 엄마는 수박을 자릅니다.
> • 우리는 원두막에 있습니다.
> • 강아지는 수박밭을 뛰어다닙니다.

11 '장미는 꽃입니다.'로 표현할 수 있습니다.

12 케이크는 식탁 위에 놓여 있고, 곰은 노래를 부르고 있습니다.

13 곰이 무엇을 하는지 문장으로 표현할 때 필요한 말은 '노래를'과 '부릅니다'입니다. **보기** 에서 찾은 말을 연결하여 문장을 완성해 봅니다.

> **정답 친해지기** • '피아노를'과 '칩니다'는 원숭이가 무엇을 하는지 문장으로 표현할 때 필요한 말입니다.
> • '먹습니다'는 토끼가 무엇을 하는지 문장으로 표현할 때 필요한 말입니다.
> • '춤을'은 호랑이가 무엇을 하는지 문장으로 표현할 때 필요한 말입니다.

14 '할아버지와 강아지가 산책을 합니다.', '할아버지와 강아지가 걷고 있습니다.' 정도의 문장으로 표현할 수 있습니다.

15 고양이는 뒹굴뒹굴 키득키득 그림책을 읽는 아이들을 보고 책에 흥미가 생겨서 그림책을 읽다가 책에 푹 빠지게 되었습니다.

16 고양이는 기차를 타지 않고 강아지에게 손을 흔들고 있습니다.

17 고양이가 도서관의 책꽂이에 가득 꽂혀 있는 책을 바라보고 있는 그림입니다.

18 도서관에 갔던 경험을 떠올려 문장으로 표현해 봅니다.

> **채점 기준** 도서관에 갔던 경험이 드러나게 문장을 쓰면 정답으로 합니다.

19 '토끼가 신문을 봅니다.', '토끼가 신문을 읽습니다.'로 표현할 수 있습니다.

20 (1) '반지'는 '끼다'와 어울립니다. (2) '옷'은 '입다'와 어울립니다. (3) '우산'은 '쓰다'와 어울립니다. (4) '신발 끈'은 '묶다'와 어울립니다.

특화 **한글 나라의 자음, 모음 범인** 188~189쪽

| 1 ④ | 2 ③ | 3 ① |
| 4 ③ | 5 ③ | 6 ④ |

1 'ㅏ, ㅑ, ㅓ, ㅕ, ㅗ, ㅛ, ㅜ, ㅠ, ㅡ, ㅣ'와 같은 모양을 가진 글자를 모음자라고 합니다.

2 'ㅅ'에 선을 더하면 'ㅈ'이 되고, 'ㅈ'에 선을 더하면 'ㅊ'이 됩니다. 그리고 'ㅅ'에 같은 글자인 'ㅅ'을 겹치면 'ㅆ'이 됩니다.

3 '그네'에는 모음자 'ㅡ, ㅔ'가 들어갑니다.

4 '구름'에는 자음자 'ㄱ, ㄹ, ㅁ'이 들어가고, '미끄럼틀'에는 자음자 'ㅁ, ㄲ, ㄹ, ㅌ'이 들어갑니다. 따라서 두 낱말에서 공통적으로 찾을 수 있는 자음자는 'ㄹ'과 'ㅁ'입니다.

5 '까투리'는 자음자 세 개('ㄲ, ㅌ, ㄹ')와 모음자 세 개('ㅏ, ㅜ, ㅣ')로 이루어진 낱말입니다.

6 '추'는 자음자 'ㅊ'과 모음자 'ㅜ'로 만들 수 있는 글자입니다.

● 같은 모양이 있는 쪽으로 걷기

● 모양이 같은 꽃 찾기

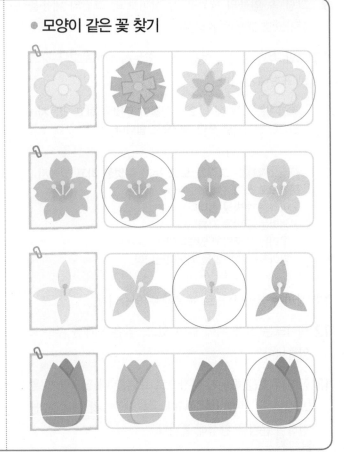

● 토토가 생각한 모양 찾기

● 글자라고 생각하는 모양 찾기

● 모양이 같은 글자 찾기

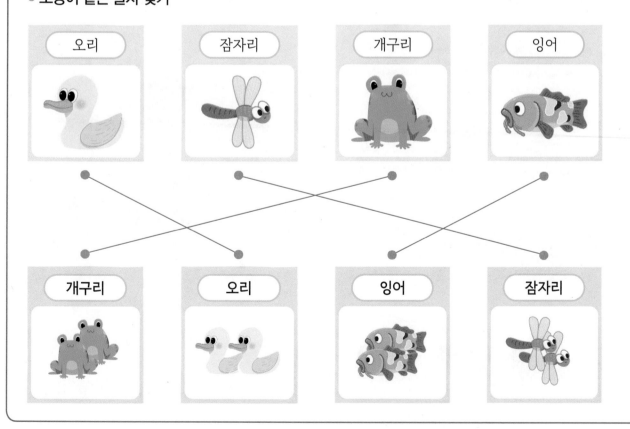

13쪽

● 이름의 소리마디 수가 같은 동물 찾기

14~15쪽

● 손뼉 수와 이름의 소리마디 수가 같은 동물 찾기

● 같은 소리로 시작하는 낱말 찾기